BOOK III

SPANISH

A Modular Approach

BOOK III
SPANISH
A Modular Approach

KATHERINE J. HAMPARES
Baruch College

with Nelly E. Santos
Baruch College

Harper & Row, Publishers
New York   Hagerstown   San Francisco   London

ILLUSTRATIONS

David Mangurian, cover, 6, 8, 9, 11, 16, 19, 32, 47
Halperin, Monkmeyer, 13
Paul S. Conklin, Monkmeyer, 17
Wide World Photos, 20, 24, 38, 51, 56, 59, 60 (top)
Ministerio de Información y Turismo, 29, 30, 31, 32, 35
Joel Gordon, 34
Pan American Union, 37
Michael Kuh, Rapho Guillumette, 40
Marilyn Pease, Monkmeyer, 43
American Airlines, 44
Mexican National Tourist Council, 45
Martin J. Dain, Magnum Photos, 46
United Press International, 60 (bottom)
Museum of Modern Art, 61
New York Public Library Picture Collection, 88, 89

Sponsoring Editor: George J. Telecki
Project Editor: Brenda Goldberg
Designer: Frances Torbert Tilley
Production Supervisor: Will C. Jomarrón
Photo Researcher: Myra Schachne
Compositor: Maryland Linotype Composition Co., Inc.
Printer and Binder: The Murray Printing Company

SPANISH: A Modular Approach (Book III)

Library of Congress Cataloging in Publication Data

Hampares, Katherine J
  Spanish : a modular approach.

  1. Spanish language—Grammer—1950–
I. Santos, Nelly, joint author.   II. Title:
Spanish : a modular approach.
PC4112.H34   468'.2'421   75–33149
ISBN 0–06–042622–5

CONTENTS

PREFACE

The challenge that we have tried to meet in these graded readings is to offer intellectually stimulating material that progresses linguistically in the same manner as the lessons in Book I. Each *etapa* coincides with each *Repaso* of Book I. No structure or tense appears until it has been studied in the grammar.

The vocabulary relies heavily on Spanish-English cognates whose main patterns are presented in the section on cognates which precedes the readings of each *etapa*. Students are encouraged to guess intelligently the meanings of cognates because these words share with their English equivalents a similar Latin or Greek origin. Once the patterns are pointed out, especially the spelling differences between Spanish and English, students can add hundreds of words to their vocabulary.

The eight *etapas* are designed to reinforce structure and vocabulary as well as to expand interest in the Spanish-speaking world. The literary selections in the second section of the book offer challenging reading material and should be done after completion of the first-year course. Many students will find them useful for reviewing the year's work and for strengthening reading skills. The plays and short stories have been abridged and adapted to eliminate vocabulary and structures that are not normally studied by beginners. Each nonfiction as well as fiction selection is followed by reading comprehension exercises and oral/written expression questions. The comprehension exercises check on the information read while the oral/written expression allows the students to respond creatively to the topic on hand. These may be given either orally or in writing. The poetry is not accompanied by exercises because it is meant only to be enjoyed and read aloud.

The dialogues and short dictado/lectura paragraphs in Book I facilitate the progression to the essays, short stories, and plays in the reader. The dramas and short stories offer natural spoken language, which is, after all, one of the primary aims of language instruction.

To the Student

In order to enjoy reading in Spanish and to increase your reading ability, we suggest that you follow these steps:

1. Study carefully the cognate patterns that precede each *etapa*. They offer examples of words that appear in that particular lesson as well as in future reading selections.

2. Read an entire paragraph before looking up any words in the vocabulary at the end of the book. Do not read individual words but, rather, try to understand complete sentences or whole concepts. You should be able to guess from the context the meaning of words that you have already learned in Book I even though you may have temporarily forgotten their meaning. If you do not yet know the word, you will need to look it up in the end vocabulary of Book I. The only words that appear in the end vocabulary of this book are new words, words that appear in this book before they appear in Book I, and cognate words that either do not follow any particular pattern or appear before their pattern has been studied. New words from the literary selections are not glossed at the end of the book because they tend to be special expressions or rely heavily on their context for a particular translation. All new words are translated in the margin alongside the reading selection; if you do not know a word and it is not translated in the margin, it is either a cognate already studied in this book or it is a word already learned in Book I. This method forces you to guess the meaning of as many words as possible.

3. As you read, underline lightly in pencil unfamiliar words, and if you cannot determine their meaning after following the procedure just explained (always being aware of spelling differences), look them up in the end vocabulary.

4. Make a list of the words whose meaning you had to look up but do not write the English translation in the reading because this will prevent you from learning to think in Spanish. If you keep a file of index cards with the English translation on the back of each card, you can easily review them periodically and simply reduce the pile as you master old words and add new ones.

Words like the following are guessable cognates, but they follow no particular pattern. They appear at the end of the book, not in the margin:

adulto	examen	fenómeno
causa	exilio	forma
característica	extraordinario	matrimonio
dieta	fama	medicina
estadísticas	favorito	monumento
evento	futuro	movimiento

museo	pintor	vegetariano
parte	problema	tono
período	ridículo	voto

Be sure to study carefully the Spanish-English cognate chart (pp. 2–3), which summarizes the eight cognate patterns presented in the eight *etapas*. Refer back to this chart as often as necessary while you are reading.

COGNATES

The following eight **etapas** correspond to the eight **Repasos** of Book I.
That is, no structures or tenses appear here until they have been studied in
Book I. The vocabulary relies heavily on cognates whose patterns are presented
in the cognate study that precedes each group of readings. A limited number of
new words are presented, and they are glossed in the margin. These words
also appear at the end of the book for reference in future readings.

These graded readings offer intellectually stimulating material that is
linguistically controlled. Each **etapa** is designed to reinforce structure and
vocabulary as well as to expand interest in the contemporary Spanish-
speaking world.

The exercises consist of two parts: reading comprehension and
oral/written expression. The former checks on information contained
in the essays in a variety of ways: multiple choice, completion, true–false,
and question and answer. The oral/written expression encourages the student
to speak or write creatively, that is, he must think out his own views and
then express them in correct Spanish.

SPANISH-ENGLISH COGNATES

Exact Spelling

ETAPA 1

Spanish and English	-al Endings	-or Endings	-ble Endings
animal	central	editor	disputable
cruel	medieval	exterior	durable
drama	personal	favor	irritable
hotel	racial	inferior	probable
idea	social	interior	sociable
mediocre	universal	superior	visible

ETAPA 2

Accent

Spanish	English
ángel	angel
cafetería	cafeteria
élite	elite
menú	menu
península	peninsula
sofá	sofa

-ión Endings

Spanish	English
confusión	confusion
compulsión	compulsion
digestión	digestion
opinión	opinion
precisión	precision
unión	union

Spanish-English Spelling Differences

rr in both languages: irregular, horror, terror

Infrequent doubling of consonants in Spanish: **profesor, comercial, anual.**

Spanish **f** = *ph*: **fase, fobia, catástrofe.**

Spanish **nm** = *mm*: **inmemorial, inmortal.**

Spanish **t** = *th*: **catedral, mentol, tesis.**

Spanish **e** + **sp, st, sc, squi, sque, sm, sls: esnob, espátula, especial, estigma.**

ETAPA 3

Spanish -ico	English -ic, -ical	Spanish -oso	English -ous	Spanish -ivo	English -ive
democrático	democratic	escandaloso	scandalous	expresivo	expressive
doméstico	domestic	furioso	furious	incisivo	incisive
idéntico	identical	generoso	generous	opresivo	oppressive
lógico	logical	poroso	porous	posesivo	possessive
práctico	practical	tedioso	tedious	represivo	repressive
romántico	romantic	victorioso	victorious	supresivo	suppressive

ETAPA 4

Spanish -dad	English -ty	Spanish -ía	English -y
afinidad	affinity	astrología	astrology
humanidad	humanity	astronomía	astronomy
heterogeneidad	heterogeneity	fantasía	fantasy
proximidad	proximity	geología	geology
sociedad	society	melodía	melody
variedad	variety	sociología	sociology

5

Spanish -ar, -er, -ir	English no ending	Spanish -ar, -er, -ir	English -e
anular	annul	ceder	cede
considerar	consider	consumir	consume
extender	extend	preservar	preserve
referir	refer	residir	reside
resistir	resist	servir	serve
transmitir	transmit	supervisar	supervise

6

Spanish -izar	English -ize	Spanish -ificar	English -ify
alfabetizar	alphabetize	clasificar	classify
colonizar	colonize	diversificar	diversify
dramatizar	dramatize	intensificar	intensify
mobilizar	mobilize	modificar	modify
moralizar	moralize	ratificar	ratify
victimizar	victimize	solidificar	solidify

7

Spanish -ar	English -ate	Spanish -ción	English -tion
asimilar	assimilate	asimilación	assimilation
asociar	associate	asociación	association
comunicar	communicate	comunicación	communication
crear	create	creación	creation
inmigrar	immigrate	inmigración	immigration
integrar	integrate		

8

Spanish -ismo	English -ism	Spanish -ista	English -ist	Spanish -ncia	English -nce	Spanish -nte	English -nt
absolutismo	absolutism	absolutista	absolutist	distancia	distance	distante	distant
marxismo	marxism	marxista	marxist	evidencia	evidence	evidente	evident
optimismo	optimism	optimista	optimist	indolencia	indolence	indolente	indolent
pesimismo	pessimism	pesimista	pessimist	permanencia	permanence	permanente	permanent
sexismo	sexism	sexista	sexist	predominancia	predominance	predominante	predominant
surrealismo	surrealism	surrealista	surrealist	tolerancia	tolerance	tolerante	tolerant

Spanish-English Cognates with Exact Spelling

Cognates with the same spelling in both languages often end in

-al	-or	-ble
capital	actor	admirable
cultural	color	compatible
general	director	flexible
industrial	doctor	horrible
liberal	error	indispensable
local	factor	irresistible
natural	horror	legible
normal	instructor	notable
oral	sector	probable
principal	terror	terrible

El Español en el inglés

En inglés usamos muchas palabras españolas. En el sudoeste de los Estados Unidos, predominan por ejemplo: corral, hacienda, poncho, rancho, rodeo, sierra. **Además**, bonanza, gusto, junta, machismo, mosquito, pampa, patio y plaza se usan mucho en inglés. Los nombres de algunos animales son españoles: alpaca, anaconda, armadillo, burro, coyote, chinchilla, jaguar, llama, puma. También usamos estas palabras españolas: banana, tapioca.

In addition

Algunos estados de los Estados Unidos tienen nombres españoles: Arizona (*arid zone*), Colorado (*red*), Nevada (*snow-fall*), New Mexico, Montana (*mountain*), Florida (*florid*). En el sudoeste del país hay muchas ciudades con nombres españoles: San Antonio, San Francisco, Los Angeles, El Paso, Buena Vista, Santa Fe, Amarillo, San Diego, Santa Barbara, Las Vegas y Sacramento.

En general, mucho "slang" americano viene del español. Por ejemplo, "vamoose" viene de "vámonos" o "vamos"; "hoosegow" de "juzgado" (*jail*) y "calaboose" de "calabozo" (*prison*). El **vaquero** *cowboy* norteamericano usa mucho español todos los días: "lariat" del "la reata," "lasso" de "lazo" y "chaps" de "chaparejos."

Reading Comprehension

Answer with a complete sentence.

1. ¿Qué palabras españolas predominan en el sudoeste de los Estados Unidos?
2. ¿Qué nombres de animales son palabras españolas?

3. ¿Cuáles son algunos estados con nombres españoles?
4. ¿Cuáles son algunas ciudades con nombres españoles?

Oral/Written Expression

I. Give a sentence using the following words in the proper word order.
1. españolas palabras usamos muchas en inglés
2. estados españoles algunos de los Estados Unidos tienen nombres
3. viene "slang" mucho americano del español
4. español todos los días el vaquero usa norteamericano mucho

II. Answer with a complete sentence.
1. ¿Qué otras ciudades norteamericanas tienen nombres españoles?
2. ¿Usa Ud. algunas de las palabras españolas que están aquí?
3. ¿Qué palabras del "slang" están en la televisión?

"Spanglish"

Los hispánicos usan muchas palabras inglesas como "boicot" (boycott), "boxear" (to box), "cóctel" (cocktail), "fútbol" (football), "gol" (goal), "líder" (leader), "mitin" (meeting), "suéter" (sweater), "tenis" (tennis) y "yanqui" (yankee). Son palabras que el español no tiene y por eso la gente necesita usar palabras inglesas.

Pero a veces los hispánicos usan "Spanglish," que es una combinación de inglés y español. El "Spanglish" no es necesario **porque** hay palabras españolas para las palabras inglesas. Aquí tenemos algunos **ejemplos**:

because

examples

Inglés	*"Spanglish"*	*Español*
1. block	bloque	cuadra
2. carpet	carpeta	alfombra
3. grocery	grocería	bodega

Inglés	"Spanglish"	Español
4. laundry	londri	lavandería
5. lunch	lonche	almuerzo
6. market	marqueta	mercado
7. subway	sobway	subterráneo
8. truck	troque	camión

Como muchos hispanos están en Nueva York,   *Since*
la Florida, Texas y California, son los estados donde
usan más "Spanglish." Es natural, ¿verdad?

Reading Comprehension

I. Place these words under the proper heading:

troque/carpeta/bodega/carpet/grocería/lunch/lonche/camión/almuerzo/
grocery/truck/alfombra

Inglés	*"Spanglish"*	*Español*
1.		
2.		
3.		
4.		

II. Answer with a complete sentence.
1. ¿A qué se llama "Spanglish"?
2. ¿Cuáles son las palabras españolas para "market" y "block"?
3. ¿Dónde viven muchos hispanos en los Estados Unidos?
4. ¿Por qué no es necesario el "Spanglish"?

Oral/Written Expression

Guess the meanings of these words taken from "Spanglish": **lonchar, rufo, taipear**.

The Spanish words for the above are **almorzar, techo,** and **escribir a máquina**.

List some words that are correctly borrowed from English into Spanish because there is no Spanish equivalent for them.

2 Words Requiring an Accent In Spanish

Many Spanish-English cognates merely have an accent in Spanish: **amén**, **área**, **cadáver**, **cliché**, **fórmula**, **utopía**. A common pattern is found in **-ión** words: **conclusión**, **decisión**, **diversión**, **evasión**, **exclusión**, **región**, **religión**, **televisión**, **versión**, **visión**. However, most cognates show spelling differences, especially the following: **rr** appears in words like **irresistible**, **horror**, and **terror** while other consonants like **s** and **t** are not doubled: **anual** (annual), **comisión** (commission), **posible** (possible). In some words, Spanish uses **nm** for English *mm*: **inmemorial**, **inmortal**. Note also that **f**, not *ph*, is used: **fase**, **fobia**; **t**, not *th*, is used: **autor**, **catedral**. English words beginning with *sl, sm, sp, st, sc, sque,* or *squi* are preceded by an **e** in Spanish: **especial**, **espectacular**, **estigma**.

Nueva York, N. Y.
15 de octubre, 1976

Querido *Bob*,　　　　　　　　　*Dear*

　　Estoy en Nueva York, una de las ciudades más grandes del mundo. En esta capital estoy muy contenta porque en mi nueva escuela todos los profesores son muy simpáticos. En general, tengo muchos amigos de varias nacionalidades, unos son cubanos, portugueses, mexicanos, españoles y norte-

americanos. Por supuesto, muchos son de otras ciudades, no de Nueva York.

Todavía no hablo muy bien inglés pero mi instructor, el doctor Miller, que es un hombre liberal, inteligente y guapo, dice que necesito pronunciar y estudiar más las palabras inglesas porque son muy difíciles. Claro, sé que es un terrible error pero siempre hablo español en la escuela con todos mis amigos hispanos. *still don't*

Bob, ¡tienes razón! El otoño es una estación irresistible. Y octubre es un mes tan hermoso, no hace **ni** calor **ni** frío. Todas las tardes estudio mucho pero a veces es preferible salir a comer. *neither/nor*

¡Qué horror! El tiempo pasa demasiado rápido en una ciudad tan grande como Nueva York. Ya son las nueve de la noche y todavía tengo que preparar todas las lecciones para mañana. Ahora mismo, tengo que terminar esta **carta**. ¡Qué lástima! *letter*

Estás contento, ¿verdad? Es natural, no tienes exámenes ahora. ¡Qué bien! Escríbeme y ven a

Nueva York pronto. Sabes que eres un amigo muy
especial.

Recuerdos,   *Regards*
Elena

___

Reading Comprehension

Answer with a complete sentence.

1. ¿Qué fecha tiene la carta de Elena?
2. ¿De qué ciudad escribe la carta?
3. ¿Tiene Elena muchos amigos? ¿Son todos norteamericanos?
4. ¿Quién es el señor Miller y cómo es?
5. ¿Por qué no habla ella más inglés en la escuela?
6. ¿Por qué le gusta a Elena el otoño?

Oral/Written Expression

Complete the following sentences.

1. Estoy muy contento porque en mi nueva escuela _____.
2. Tengo muchos amigos que son _____.
3. No hablo muy bien español porque _____.
4. Mi instructor de español es _____.
5. Todos los días tengo que _____.
6. Me gusta el otoño porque _____.

___

Cuernavaca, México
12 de noviembre, 1976

Querida *Elena*,

    Gracias por tu carta del 15 de octubre. Sí, es
verdad, estoy muy contento porque ya no tengo

exámenes. Y tú estás feliz en tu nueva escuela.
¡Qué bien! En realidad, tienes razón, es muy importante conocer a gente de diferentes países. Hablamos de tantas cosas interesantes.

Ahora conozco a dos nuevos chicos que están en mi clase de composición. José es norteamericano, neoyorquino **como yo**, y Guadalupe es española. *like me*
Los dos son mis amigos y están en mi clase de geografía. Muchas veces estudiamos **juntos**. *together*

También tengo una nueva amiga que es de Cuba. Ella viene a casa todos los domingos y siempre hablamos de muchas cosas divertidas. A veces oímos música y damos paseos juntos. Los dos estudiamos mucho todos los días en la escuela.

A propósito, el **próximo** domingo vamos a tener una fiesta de cumpleaños para Hilda. La conoces, ¿verdad? Ella vive cerca de mi casa y la veo mucho.   *next*

Pues, todos estamos muy ocupados en la escuela y en casa. ¡Necesitamos **divertirnos más**! A ver si pasamos las próximas vacaciones aquí donde hay tantas cosas interesantes que ver y hacer. También yo tengo que ir a los Estados Unidos pero primero tú tienes que venir aquí en diciembre.   *to have more fun*

En realidad, eres mi amiga favorita y necesito tu **compañía**. Vienes, ¿verdad?   *company*

Tu amigo,
Bob

Reading Comprehension

Answer with a complete sentence.

1. ¿Por qué está feliz Bob?
2. ¿Cuál de los amigos de Bob es neoyorquino?
3. ¿A quién ve Bob todos los domingos? ¿Qué hacen?
4. ¿De quién es el cumpleaños el próximo domingo?
5. ¿Dónde van a pasar sus vacaciones Bob y Elena?
6. ¿Está de acuerdo Bob con Elena que es bueno tener amigos de diferentes países?

Oral/Written Expression

Write a short letter to a friend. Use only the words you know and the present tense.

3 Adjectives Ending in -*ICO* in Spanish = -*IC* or -*ICAL* in English

académico	económico	histórico
artístico	fantástico	político
católico	genético	público
doméstico	hispánico	trágico

Adjectives ending in **-oso** = *ous*: **curioso, delicioso, famoso, numeroso, odioso, religioso, tedioso, vigoroso**.

Adjectives ending in **-ivo** = *-ive*: **activo, colectivo, decisivo, evasivo, expresivo, opresivo, pasivo, represivo, sucesivo**.

Estudiantes de medicina en México

Las escuelas de medicina en los Estados Unidos no pueden aceptar más de la **tercera parte** de los alumnos que quieren entrar en ellas. En el año 1974 más de 42.000 estudiantes quisieron **matricularse** y las universidades aceptaron sólo unos 13.000 estudiantes. Por **razones** económicas y académicas, un gran número de estos 13.000 estudiantes van a México a estudiar medicina.

La Universidad de Guadalajara, en particular, acepta muchos de estos estudiantes norteamericanos. Allí pagan sólo $1.000 por la **matrícula** y $4.000 al año por la **mensualidad**. Así pagan mucho menos que en las universidades norteamericanas.

one third

to register

reasons

entrance fee

tuition

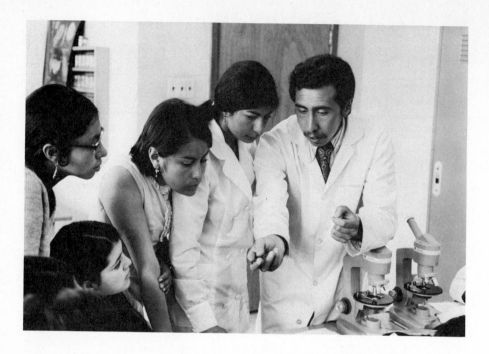

Pero la vida de estos alumnos es tediosa. Tienen que aprender bien el español para salir victoriosos de los exámenes **escritos** y orales. Al volver a los Estados Unidos, también tienen que pasar los exámenes del estado donde quieren practicar la medicina, que son muy difíciles. Cada año, unos cincuenta profesores de medicina de universidades norteamericanas van a la Universidad Autónoma de Guadalajara para ayudar a los estudiantes norteamericanos en la preparación de sus exámenes. Esta escuela de medicina es una de las más grandes del mundo, con unos 2.000 estudiantes de los Estados Unidos. **Al mismo tiempo** nuestro país no tiene bastantes **médicos** y tiene que depender de los médicos **extranjeros** que vienen aquí a trabajar. ¡Qué dilema!

written

at the same time
doctors
foreign

Reading Comprehension

I. Complete each sentence with appropriate information.
1. Las escuelas de medicina en los Estados Unidos no _____.

2. Por razones económicas y académicas, _____.
3. La Universidad de Guadalajara, en particular, _____.
4. Los alumnos que estudian en México tienen que _____.
5. Al volver a los Estados Unidos, también tienen que _____.
6. Nuestro país no tiene bastantes médicos y tiene que _____.

II. Answer with a complete sentence.
1. ¿Cuántos estudiantes quisieron matricularse en 1974?
2. ¿Cuántos estudiantes aceptaron las universidades?
3. ¿Qué universidad mexicana, en particular, acepta a muchos estudiantes norteamericanos?
4. ¿Qué tienen que pasar los estudiantes al volver a los Estados Unidos?
5. ¿Tiene pocos o muchos médicos los Estados Unidos?
6. ¿De quiénes tiene que depender?

Oral/Written Expression

1. ¿Fue algún amigo de Ud. a otro país para estudiar medicina?
2. ¿Terminó sus estudios allí? ¿Le gustó la experiencia?
3. ¿Por qué son tan difíciles las escuelas de medicina aquí cuando hay una crisis de médicos?

La longevidad

Muchos **científicos** y **gerontólogos** de todas *scientists/gerontologist* partes del mundo van a Vilcabamba, un pequeño pueblo del Ecuador, para estudiar a sus **habitantes**, *inhabitants* y cómo ellos viven. ¿Por qué? Porque en Vilcabamba viven 819 personas y nueve de ellas tienen más de cien años.

Miguel Carpio, por ejemplo, es la persona más vieja y vigorosa del pueblo. ¡Tiene 123 años! Todavía trabaja, **fuma** bastante y bebe **ron** todos los *smokes/rum* días. Y . . . ¡todavía le gustan las **mujeres** . . . ! *women*

Vilcabamba está **situado** al sur del Ecuador, en *located*

los Andes, a una **altura** de 11.594 pies al **nivel del**   *altitude/sea level*
mar. Es un pueblo muy pequeño y **aislado**, sin **cami-**   *isolated/roads*
nos accesibles.

    Hay otras dos áreas del mundo en donde la
gente vive por muchos años: Abkhazia, en la Unión
Soviética, y Hunza, en Kashmir, Pakistán.

    La dieta y la vida de estos tres pueblos son muy
similares. En general, esta gente consume menos
calorías al día que nosotros en los Estados Unidos.
Compare usted estas estadísticas:

Al día (*per day*)	Vilcabamba	Abkhazia	Hunza	Estados Unidos
Calorías (*calories*)	1.200	1.700	1.923	3.300
Proteína (*protein*), grams	35–38	70–90	50	100
Grasa (*fats*), grams	12–19	40–60	36	157
Hidratos de carbono (*Carbohydrates*), grams	200–260	250–290	354	380

Como podemos ver, en Vilcabamba y Hunza, la gente es más vegetariana que en Abkhazia y los Estados Unidos. La carne y los productos de **leche** *dairy* forman sólo el 1.5% de la dieta diaria porque hay poco **ganado** y usan poca grasa animal en la *cattle* cocina. **Esto** es decisivo para **evitar** la obesidad y *this/avoid* la arteriosclerosis.

La longevidad depende en gran parte de la dieta vegetariana y de la forma de vida de estos pueblos. Hay dos características en esta forma de vida: una constante actividad de la gente vieja,

Shirlai Mislimov. Edad: 167 años. Vive en las montañas de Barzavu, Azerbaijan, Unión Soviética. Es el hombre más viejo del mundo.

trabajando y participando en la **política** que los *politics*
hace pensar y ser importantes y **útiles,** y otra carac- *useful*
terística es de origen genético. Muchos miembros
de una misma familia tienen más de cien años.

En conclusión, los científicos y gerontólogos no
tienen todavía la fórmula mágica de la longevidad.
Están estudiando estos pueblos para saber cómo
y por qué la gente de Vilcabamba, Abkhazia y
Hunza vive tantos años.

Reading Comprehension

True (+) or False (−)

1. La mayoría de la gente en Vilcabamba vive más de cien años. ———
2. El 10% de los habitantes vive más de 100 años. ———
3. La persona más vieja de Vilcabamba tiene 123 años. ———
4. Vilcabamba está cerca del mar. ———
5. Hay muchos pueblos cerca de Vilcabamba. ———
6. En los Estados Unidos consumimos menos calorías al día
   que en Vilcabamba, Abkhazia y Hunza. ———

Oral/Written Expression

1. ¿Quiere Ud. vivir más de cien años?
2. ¿Cuál es la persona más vieja que Ud. conoce?
3. ¿Cuántos años tiene?
4. ¿Tiene Ud. abuelos?
5. ¿Cuántos años tienen ellos?
6. ¿Cuántos años tiene Ud.?
7. ¿Viven sus padres?
8. ¿Cuántos años tienen?

Nouns Ending in -*DAD* = -*TY*

actividad	oportunidad	sociedad
brutalidad	posibilidad	tranquilidad
dificultad	prosperidad	universidad
identidad	realidad	

Others ending in -**ía** = -*y*: **compañía**, **economía**, **energía**, **filantropía**, **filosofía**, **geografía**, **ironía**, **lotería**, **monotonía**, **teoría**. Are you remembering the spelling changes that affect words like *lottery, philanthropy, philosophy*, and *theory*?

Cómo hacerse rico en un país hispánico

Para hacerse rico en un país hispánico, la gente dice que hay que ser **torero**, **futbolista** o jugador de lotería.   *bullfighter/football player*

La **corrida de toros** es la fiesta nacional de España   *bullfight* y se llama también la "fiesta brava." Sólo en Galicia, la región más noroeste de España, las corridas no son populares.

En algunos países de Hispanoamérica, como Colombia, México, Perú y Venezuela, la corrida es una diversión popular.

¿Cuál es la mayor atracción de una corrida de toros? Para algunos **espectadores** la corrida repre-   *spectators*

senta una "posibilidad" de **muerte** (la muerte del *death*
torero o la del toro.) Mientras que para los aficiona-
dos de verdad, la corrida es el arte en donde el torero
muestra su **habilidad** en la **lidia**, que es más im- *skill/fight*
portante que la "posibilidad" de muerte.

Hay dos famosas **dinastías** de toreros españoles, *dynasties*
la de los Bienvenida y la de los Dominguín.

Belmonte fue el torero que hizo la mayor contribución al arte de la lidia española en 1914.

Joselito (José Gómez), gran amigo y rival de
Belmonte, tuvo la fama de ser uno de los grandes
toreros de todos los tiempos. Murió de una **cornada** *goring*
en 1920.

Manolete (Manuel Rodríguez) murió también
de una cornada en 1947; tenía treinta años y más de
$4.000.000. Es uno de los toreros que más recuerda
la "fiesta brava" española.

Luis Miguel Dominguín es otro de los toreros
más populares desde 1959.

El Cordobés (Manuel Benítez) y Palomo
Linares son los toreros españoles más **conocidos** en *known*
España y en el mundo de hoy. Como Manolete,
el Cordobés es tan rico que dicen que un día un
banquero le preguntó si quería abrir una **cuenta** *banker/account*
y él contestó: "Sí, ¿cuántos kilos de billetes de mil
tengo que llevarle?"

El deporte forma parte importante de la vida
de los hispanos y es una de sus diversiones favori-
tas. En España y en América Latina hay muchos
deportistas profesionales. Como los toreros, los *players*
futbolistas ganan mucho dinero, fama y prestigio.

El balompié (soccer) o fútbol español fue el
deporte que los españoles trajeron al Nuevo Mundo.
En España y en Latinoamérica celebran Olimpiadas
y Juegos Deportivos Latinoamericanos, en éstos
compiten ligas y equipos de todas las nacionali- *compete/leagues*
dades. Algunos países como el Uruguay y Brasil
ganaron varias veces el **campeonato** mundial de *Championship*
fútbol. Allí este deporte tiene una popularidad ex-
traordinaria.

Pelé es tal vez el futbolista más celebrado del mundo de hoy. Nació en Brasil, en 1940. Era un muchacho muy pobre—trabajaba de **limpiabotas** *shoeshine boy* para ayudar a su familia—y llegó a ser el deportista mejor pagado del mundo. En 1967, recibía un sueldo de $200.000 al año. En 1975, el New York Cosmos le pagó $7.000.000 por tres años.

Pelé ganó para el Equipo Nacional Brasilero la Copa Mundial en 1958 y 1966.

Otra manera de hacerse rico en un país hispánico es jugar la lotería y ganar el **premio gordo**. La *first prize* lotería no es nada nuevo. Tuvo una evolución histórica en España. Alfonso el Sabio pidió el "ordenamiento de las tafurerías" o **reglamentos de juegos** *rules of gambling* **y rifas** en 1276. **Sin embargo**, la lotería moderna *raffles/However*

Edson Arantes do Nascimento (Pelé)—el atleta mejor pagado del mundo.

española **se estableció** en 1812 para ayudar el   *was established*
presupuesto nacional.   *budget*

En casi todos los países hispánicos la gente juega la lotería y piensan internacionalizar algunos sorteos. En realidad, comenzó la lotería Nacional Española porque los españoles jugaban las loterías extranjeras.

De todas maneras, como la lotería es una forma de hacerse rico de la noche a la mañana, algunos creen que siempre hay que recordar las palabras de Carlos III: "**el que** juega mucho es loco, pero   *he who* el que no juega es **tonto**."   *stupid*

Reading Comprehension

I. Form a sentence using all the words given. Use the imperfect or preterite tense for all verbs.
1. el/torero/ganar/mucho/dinero
2. un/toro/matar/Manolete/1947/a/en
3. el Cordobés/Palomo Linares/toreros/famosos/y/ser
4. los/españoles/traer/el fútbol/Nuevo Mundo/al
5. algunos/países/ganar/el campeonato/mundial/América/de/Latina
6. venderse/veinte mil/billetes/1812/en

II. Use the present tense for all verbs.
1. ganar/el premio gordo/ser/hacerse/rico
2. el fútbol/ser/diversión/una/popular.
3. "el/que/jugar/ser/loco/mucho/pero/el/que/no/nada/ser/jugar/tonto"
4. la lotería/ser/de/la/noche/a/la/mañana/una/forma/rico/hacerse/de

Oral/Written Expression

1. ¿De qué manera prefiere Ud. hacerse rico?
2. ¿Juega Ud. la lotería?
3. ¿Es Ud. futbolista?
4. ¿Tiene algún amigo que es torero?
5. ¿Cuál es su futbolista favorito?
6. ¿Le gustan las corridas de toros?

La televisión

¡Es verdad! Un gran número de personas pasan muchas horas del día mirando la televisión. Las mujeres más que los hombres, y los niños más que todos ellos.

La televisión, además de divertirnos, puede **enseñarnos** muchas cosas. Nos presenta una visión fantástica de la realidad del país. En algunos países la televisión es el mejor ejemplo de lo que nunca ocurre en la vida real. La mayor parte de la gente mira la televisión para divertirse y no tanto para aprender. Los programas más divertidos y populares son los **telediarios** y los **teledeportes**. Los "**teleadictos**" saben que es más fácil oír las noticias que leerlas en el periódico y más barato mirar los deportes en la televisión que ir al **estadio**.

to teach us

news/sports
TV addicts

stadium

Todos conocemos a personas que ponen la televisión y al mismo tiempo comen, beben, leen, escriben, trabajan o hacen sus **tareas escolares**. Estos teleadictos miran y escuchan todos los días clichés y **estereotipos** de su sociedad y del mundo en general.

homework

stereotypes

Otras veces, la televisión es como la contemplación de un sueño fantástico que la gente prefiere a la realidad. Los anuncios **explotan** la **debilidad** de la psicología humana y casi siempre presentan su producto como algo que la persona no tiene pero que necesita para ser feliz. Por ejemplo, ¿no cree usted que cierta **pasta de dientes** lo hará el estudiante más popular de la clase? Así la televisión es un instrumento **poderoso** que afecta la psicología de todo el mundo.

exploit/weakness

toothpaste

powerful

Los anuncios **influyen** también a los niños y hacen a los padres comprar muchas cosas que nunca van a necesitar. También los adultos compran **artículos anunciados** sin pensar o saber para qué sirven.

influence

advertised articles

Todos sabemos lo ridículo que son algunos anuncios pero siempre estamos comprando los productos que nos presenta la televisión. Los tele-adictos **llegan a ser** cada vez más indolentes y pasivos. **Cada** día piensan, leen y hablan menos porque el hipnotismo de la televisión es más poderoso que ningún otro **estímulo**. Qué ironía, ¿verdad?

become

every

motive

Reading Comprehension

Complete with appropriate information:

1. La gente mira la televisión para _____.
2. Los _____ y los _____ son los programas más divertidos y populares.
3. Los anuncios influyen a los _____.
4. Los adultos compran _____.
5. _____, _____ y _____ cada vez menos.
6. La televisión es _____ _____ que ningún otro estímulo.

Oral/Written Expression

1. ¿Le divierte la televisión?
2. ¿Cuántas horas al día mira Ud. la televisión?
3. ¿Compran sus padres los artículos anunciados?
4. ¿Cuáles son sus programas favoritos de televisión?
5. ¿Cree Ud. que los anuncios explotan la debilidad de la psicología humana?
6. ¿Cree que cierta pasta de dientes lo hará a Ud. el estudiante más popular de la clase?
7. ¿Son ridículos algunos de los anuncios de la televisión?
8. ¿Para qué sirve la televisión?

5 Cognate Verb Patterns

Drop the infinitive ending of the Spanish verb for the equivalent verb in English:

abandonar	defender	formar
aceptar	depender	preferir
afectar	divertir	presentar
consultar	existir	visitar

Other verbs substitute the infinitive ending for the *-e* in English:

admirar	consumir	observar
causar	continuar	practicar
comparar	declarar	preparar
competir	invitar	usar

Diario de un estudiante en España

Junio 28

Llegamos a Madrid después de un viaje de ocho horas en avión. Habíamos salido de Nueva York a las ocho de la noche y llegamos a la capital española a las tres de la tarde. ¡Qué diferencia! Aquí aprendimos que el tiempo no es de gran importancia para los españoles. La gente dice que en España sólo las corridas de toros empiezan a la hora en punto. ¡Qué exageración!

Junio 29

Tomamos un hotel cómodo. Nuestro cuarto da a la Plaza España. Hoy es un día maravilloso. Los días aquí en Madrid son tan cortos como en las ciudades de los Estados Unidos. La vida de esta ciudad es muy animada, **bastaría** con sentarnos en **un café madrileño** de la Gran Vía para conocer un poco el carácter de la sociedad de Madrid. Mañana iremos a una corrida de toros. Tengo muchas ganas de ver una corrida.

it would be enough
a cafe in Madrid

Julio 1

Ayer fuimos al **Museo del Prado** que está abierto desde las 9:30 de la mañana. El museo tiene más de 3.000 **cuadros** y **dibujos** y cientos de **esculturas**. Entre las pinturas y dibujos del museo hay casi toda la **obra** de Velázquez y Goya, dos de los más

Prado Museum

paintings/etchings/ sculptures

works

«Las Meninas» de Velázquez.

famosos pintores españoles. Mañana visitaremos
otros museos, palacios y plazas.   *famous painters*

Julio 2

Nuestros amigos españoles nos habían invitado
a una corrida de toros diciendo que es la fiesta nacional de España. Después de la corrida, otros
amigos, a quienes conocimos el año pasado en
Nueva York, nos habían invitado a cenar. ¡Tenía-
mos tanta hambre! En España cenan a las nueve
o diez de la noche. Con la emoción de la corrida
no habíamos almorzado, así, para las seis de la tarde,
nos estábamos muriendo de hambre. Cuando llegamos a la casa de nuestros amigos ¡no quedó nada!
y nos divertimos mucho. ¡Los españoles son muy
acogedores!   *hospitable*

Julio 4

Hoy nos invitaron al **teatro**. Vimos "El amor   *theater*
y la muerte." Caminando por el centro de Madrid,

descubrimos muchos teatros y cines. El teatro "María Guerrero" es uno de los mejores de la ciudad y tal vez uno de los más importantes. Yo soy muy aficionada al cine; por eso, mientras caminábamos me detuve frente a varios cines de la Gran Vía que son los más lujosos de Madrid.

Julio 5

Me olvidé de escribir que después de ver la película fuimos a comer. Comimos la famosa paella valenciana. La cocina española es tan **variada** como *varied* las regiones españolas. Aquí comen muchos ma-

riscos y toman mucho vino. El vino español es muy
delicioso y de gran variedad. Yo prefiero los vinos
de la Rioja. Otro día iremos de "tascas," es decir,
iremos de un sitio a otro para comer las quince o
veinte clases de "tapas" (bocadillos) diferentes:
pescados fritos, **aceitunas** o papas fritas. *olives*

Julio 6

Hoy iremos a visitar los **alrededores** de Madrid, *outskirts*
pues nos habían dicho que eran tan interesantes
como la ciudad misma. Claro, visitaremos la Universidad de Alcalá de Henares que ha existido desde
1508 y está a unas 31 **millas** de Madrid. ¡Miguel de *miles*
Cervantes, autor de *Don Quijote* nació en Alcalá de
Henares!

Como España es un país de una gran variedad
turística, y sólo tenemos un mes para verlo todo, *tourist*
tenemos que escoger con mucho cuidado el **itinera-** *itinerary*
rio. Así, tomaremos una **gira** para conocer la *tour*
España histórica y artística: Burgos, Valladolid,
Salamanca, Segovia y Toledo. Despúes de una semana regresaremos otra vez a Madrid.

Julio 16

No quisimos salir de Madrid sin antes visitar
los cafés madrileños y asistir a las famosas tertulias.
Desayunamos a las nueve de la mañana con café
y pan **tostado**. Después fuimos a dar un paseo por *toasted*
las plazas. De vez en cuando entrábamos a comer
pastas y helados en los cafés al aire libre. Nuestro *pastries*
amigo nos llevó al Café Gijón donde había una
tertulia muy **concurrida**. Ya sabemos, los españoles *well attended*
son grandes **conversadores** y **se reúnen** en los cafés *talkers/ get together*
para hablar de los grandes **temas** literarios, artísti- *themes*
cos, políticos o del fútbol y los toros.

Julio 18

Hoy vamos a dejar la tierra de los **castillos** y *castles*
las flores, Madrid, e iremos a Barcelona, la primera
ciudad industrial y comercial de España y uno de
los principales puertos del Mediterráneo.

Julio 19

La vida en Barcelona es muy activa. En la parte antigua o Barrio Gótico aún existen edificios que fueron construídos en los **tiempos medievales.** En la ciudad moderna fuimos a visitar la iglesia de la Sagrada Familia y el Museo de Arte Moderno que tiene una buena colección de esculturas de Rodin y una sala donde hay muchas pinturas de Picasso.

Después de una semana, vamos a regresar a los Estados Unidos. Por eso ya estamos comprando recuerdos. Hoy vamos a comprar una guitarra española. ¡Es **increíble**! Por menos de $100.00 podemos comprar una guitarra magnífica cerca de la Plaza Mayor de Madrid.

medieval times

incredible

Reading Comprehension

Choose the phrase that completes the sentence according to the diary.

Junio 28

1. Llegamos a Madrid
   - a) temprano por la mañana
   - b) muy tarde por la noche
   - c) después de un viaje de ocho horas

Julio 1

2. La cocina española es tan variada como
   - a) las flores
   - b) las regiones españolas
   - c) la gente de Madrid

Julio 16

3. De vez en cuando
    a) íbamos al Museo del Prado
    b) desayunábamos en el hotel
    c) entrábamos a comer pastas y helados

Julio 19

4. Después de una semana
    a) fuimos a visitar la iglesia de la Sagrada Familia
    b) iremos a Francia
    c) volvimos a Madrid

Oral/Written Expression

1. ¿Visita Ud. los museos y las plazas de la ciudad?
2. ¿Tiene muchos palacios y tiendas su ciudad?
3. ¿Conoce Ud. España?
4. ¿Iría Ud. a una corrida de toros?
5. Le gustaría asistir a una tertulia española?
6. ¿Hará Ud. un viaje a España o a otro país el próximo verano?

La mujer

Hay dos grandes diferencias entre la mujer hispana y la norteamericana: la influencia de la religión católica en la vida de la mujer y la tradición de la vida familiar. Estos dos factores van juntos porque la iglesia ha influído fuertemente para mantener la tradición de la familia en el mundo hispánico.

La mujer tradicional hispana ve su misión más importante dentro de la familia: ser buena esposa y buena madre. No importa qué más haga en su vida, si no cumple ese deber, parece que ha **fallado** en su   *failed*

Sor Juana Inés de la Cruz (1651–1695) es conocida como la primera feminista hispánica. Nació en México.

papel más importante como mujer. Su razón de ser *role*
depende de esto, más que de cualquier realización
profesional.

Aunque hay actualmente movimientos feministas en Latinoamérica, la mayoría de las mujeres
están contentas con su papel tradicional. Lo que
más se dice en contra del movimiento feminista
es el **peligro** de que la familia pierda su **fuerza**. *danger/strength*

Por supuesto, esto es cuestión de opinión ya
que las feministas creen que una mujer independien-
te que trabaja fuera de su casa debe ser aun más
útil para la familia. Al desarrollar su propio
talento, ella podrá servir mejor a su esposo y a sus
hijos. Para que esto se realice, el hombre o el
marido tendrá que participar más en la **vida
familiar** y compartir con ella las responsabilidades *family life*
del hogar.

Es obvio que quienes tienen suficientes **recursos** *resources*
económicos para pagar los servicios domésticos en **el
hogar** pueden liberar a sus mujeres más fácilmente. *home*

Aquí se puede ver una gran ironía. La mujer que trabaja porque tiene que mantener a su familia probablemente no pueda pagar los servicios domésticos en su hogar y si no hay ningún pariente que la ayude con los niños, su familia corre el **riesgo** de desintegrarse. La mujer que tiene una profesión y que trabaja, no por necesidad sino porque quiere, tendrá más libertad para hacerlo sin que su familia se desintegre. Ella probablemente puede pagar la ayuda doméstica que necesita en su hogar.

risk

La liberación de la mujer, entonces, no es sólo cuestión de actitud sino también de economía. Muchas feministas creen que en el socialismo se puede cambiar la posición de la mujer dentro de la sociedad más rápidamente que en el capitalismo. ¡Esto **queda aún por ver**!

still remains to be seen

Entretanto habrá siempre mujeres que querrán seguir cumpliendo su papel de esposa y madre y otras que buscarán su realización como **seres hu-**

meanwhile

human beings

*Gabriela Mistral (1889–1957)
leyendo su poesía en la Biblioteca
del Congreso, Washington, D. C.*

manos fuera del hogar. Esperamos que la mujer siempre tenga alternativas. Lo cierto es que la mujer debe realizarse en toda su **potencialidad** y para *potential* esto la sociedad tendrá que ayudarla librándola de las limitaciones que le han sido **impuestas.** Si no, *imposed* más de la mitad de los recursos humanos seguirán perdiéndose. ¿No tendremos un mejor mundo si aprendemos a utilizar **a plenitud** el talento de los *fully* seres humanos? Y cuando esto se realice, ¿no será también más libre el hombre?

Reading Comprehension

Choose the phrase that completes the sentence according to the reading.

1. Hay dos grandes diferencias entre la mujer hispana y la norteamericana
    a) el trabajo y la política
    b) el hombre y la familia
    c) la religión católica y la tradición de la vida familiar
2. Su misión más importante dentro de la familia es
    a) ser bonita y educada
    b) ser buena madre y buena esposa
    c) ser inteligente y tener muchos hijos
3. Al desarrollar su propio talento la mujer podrá
    a) casarse bien
    b) tener muchos hijos
    c) servir mejor a su esposo y a sus hijos

Oral/Written Expression

1. ¿Cuál cree Ud. que es la misión más importante de la mujer en la familia?
2. ¿Cree Ud. que la mujer norteamericana está contenta con su papel tradicional de madre y esposa?
3. ¿Piensa Ud. que el marido debe compartir con ella las responsabilidades del hogar?
4. ¿Cree Ud. que si la mujer puede pagar los servicios domésticos en su hogar puede liberarse más fácilmente?

La Duquesa de Medina, conocida como feminista y luchadora por la justicia social. En Andalucía la llaman «La Duquesa de los Trabajadores».

La Duquesa de Medina Sidonia hablando con campesinas españolas.

5. ¿Piensa Ud. que el hombre será también más libre cuando aprendamos a utilizar el talento de la mujer?
6. ¿Cree Ud. en el movimiento de liberación de la mujer?

Dicen que me case yo

Dicen que me case yo;
no quiero marido, no.
   Mas quiero vivir segura
nesta sierra a mi soltura,   *in these mountains free*
que no estar en **ventura**   *luck, chance*
si casaré bien o no.
Dicen que me case yo;
no quiero marido, no.
   Madre, no seré casada,
por no ver vida cansada,
o quizá **mal empleada**   *wasted*
la **gracia** que Dios me dio.   *gift, talent*
Dicen que me case yo;
no quiero marido, no.
   No será ni es nacido
tal para ser mi marido;   *the one*
y pues que **tengo sabido**   *I know*
que **la flor me la so**,   *I am the flower of the*
dicen que me case yo;   *girls*
no quiero marido, no.

     Gil Vicente
(Portugal 1470–1536)

6 Cognate Verb Patterns

Many Spanish verbs ending in **-izar** = *-ize* in English:

americanizar	familiarizar	legalizar
autorizar	idealizar	organizar
centralizar	inmortalizar	socializar
civilizar		

Spanish verbs ending in **-ificar** = *-ify* in English:

clarificar	notificar	significar
falsificar	pacificar	simplificar
glorificar	rectificar	unificar
justificar		

By removing the **r** of the infinitive and adding **-ción** to the verbs ending in **-izar** or **-ificar,** we obtain the noun which ends in *-tion* in English:

autorizar/autorización (authorize/authorization)
clarificar/clarificación (clarify/clarification)

El domingo entre los hispanos

En los países hispánicos el domingo es un día de gran actividad. Si pensamos en un domingo en una ciudad norteamericana, diremos que hay menos tráfico, menos gente en la calle y mucha tranquilidad en **comparación** con los otros días de la semana. A veces el domingo es un día para **descansar**.

comparison

rest

Si visitamos una ciudad hispana en domingo, veremos **todo lo contrario**: mucha gente en las calles, bastante tráfico y mucha actividad. ¿Por qué? Porque el domingo representa un día de diversión, devoción, compras, visitas y paseos.

the exact opposite

Generalmente, la familia va a **misa** por la

mass

mañana. Luego pueden ir de compras en uno de
los muchos **mercados** que existen en todos los países   *market*
hispánicos.

Siempre ha habido mercados, por supuesto;
existieron en Grecia, China, la India, Egipto y
Roma. Estos mercados eran necesarios para **obtener**   *obtain*
las cosas indispensables de la vida diaria. Forma-
ban una parte importante de la vida social porque
la gente se reunía a charlar y a discutir tópicos
de interés general.

Además de los mercados permanentes, hay
ferias en ciertas fases de **la observación** religiosa,   *fairs/observance*
especialmente cuando celebran el **santo patrono**   *patron saint*
de una región o ciudad. Las ferias tienen un aspecto
comercial adémas de religioso. Allí la gente compra

y vende una gran variedad de artículos, **inclusive**   *including*
animales. Todo el mundo se divierte bailando,
comiendo, bebiendo, cantando y charlando.

Una de las ferias más famosas de España es la
de Pamplona en honor de San Fermín, el santo
patrono. En la mañana del 6 de julio **se sueltan**   *let loose*
los toros por las calles y los jóvenes del pueblo,
creyéndose toreros, corren frente a los toros querien-
do **capearlos**. En una de las fiestas de San Fermín   *to do cape work*
un toro **hirió** al famoso **escritor** norteamericano   *wounded/writer*
Ernest Hemingway cuando trató de capar un toro.
Hemingway escribió su primera novela, *In Our
Time*, durante las celebraciones de 1923. En 1932,
publicó *Death in the Afternoon*, una de las mejores   *published*
interpretaciones de las corridas de toros.

Si uno no quiere ir a la corrida de toros a las
cuatro y media de la tarde, puede ir a las **peleas**   *cockfights*
de gallos. Este espectáculo ha existido por cientos
de años. Es en realidad un juego de apuestas que
interesa a los hombres de todas clases sociales.
Los **dueños** de los gallos juegan cierta suma de   *owners*

Ernesto Hemingway en Pamplona.

dinero y durante la pelea, los espectadores **apuestan**   *bet*
a uno o a los dos gallos, dependiendo del desarrollo
de la pelea. Este deporte es tradicionalmente popu-
lar en Puerto Rico donde hay **galleras** en diferentes   *cockpits*
partes de la Isla y **torneos** bien organizados. Como   *tournaments*
no han considerado la pelea de gallos como un
deporte cruel, son legales desde 1933. La Adminis-
tración de Parques y Recreos Públicos las supervisa.

En los Estados Unidos las peleas de gallos no están permitidas.

Otra actividad favorita de los domingos es dar un paseo a pie o en automóvil; los parques y los cafés están llenos de gente. Muchas familias visitan a sus parientes y amigos en la casa o se reúnen con ellos en la plaza. La mayor parte de las ciudades o pueblos hispanos tienen una plaza mayor y muchas veces las ciudades parecen estar **construidas alrededor de** la plaza principal.

built around

A las 10:30 empiezan las **funciones** del treatro o del cine; después de la función uno puede ir a cenar. Como vemos, hay una gran variedad de actividades desde la mañana del domingo hasta la mañana del lunes, ¡no hay razón para aburrirse! Qué diferente es el domingo norteamericano, ¿verdad?

shows

Reading Comprehension

1. ¿Cuál es la diferencia entre un domingo en un país hispano y uno en los Estados Unidos?
2. ¿Cuáles son las actividades principales del domingo entre los hispanos?
3. ¿Por qué es tan importante la plaza mayor en cada pueblo o ciudad aun en nuestros días?
4. ¿Qué se hace en una feria?
5. ¿Cuál es la mayor atracción de las peleas de gallos?
6. ¿A qué hora empiezan las funciones?

Oral/Written Expression

1. ¿Qué hace Ud. los domingos?
2. ¿Ha leído algún libro de Hemingway?
3. ¿Ha visto alguna película sobre las corridas de toros?
4. ¿Cree Ud. que la pelea de gallos es un deporte cruel?
5. ¿Visita Ud. a sus parientes los domingos?
6. ¿Le gusta más cenar después o antes de una función de teatro?

7 Cognate Verb Patterns

One of the most common cognate verb patterns is that of **-ar** verbs with **-ate** as the equivalent verb in English:

celebrar	educar	liberar
concentrar	inaugurar	participar
dedicar	incorporar	separar
discriminar	investigar	terminar

By removing the **r** of the infinitive and adding **-ción**, we obtain the noun which ends in *-tion* in English:

celebrar/**celebración**   (celebrate/celebration)
concentrar/**concentración**   (concentrate/concentration)

La inmigración hispana

La inmigración hispana a los Estados Unidos ha sido un fenómeno de estudio durante muchos años. Mientras un sector de inmigrantes lo **constituye** un grupo de personas ricas, educadas y de altas clases sociales que inmigran por causas políticas, otro grupo lo forman personas pobres, poco educadas y de **clase social media** a baja que inmigran por razones económicas. Este último grupo

constitutes

middle class

49

ha salido de sus países con la idea de un **mejoramien-** · *improvement*
to social y cultural y es lo que ha constituído
el gran **sueño** de la inmigración hispana. Esta inmi- · *dream*
gración puede dividirse en varios grupos. Aquí
hablaremos de los grupos más numerosos.

Desde 1959 han venido más de medio millón
de cubanos y han alcanzado una gran prosperidad
económica y social. Cuba, Puerto Rico y las Islas
Filipinas fueron las últimas colonias españolas.
Se liberaron de España en 1898 con la ayuda norteamericana. En 1902, a los cubanos **se les impuso** · *was imposed*
la Enmienda Platt. En ella, Cuba aceptaba la intervención de los Estados Unidos en su política **in-** · *domestic*
terna. En 1952, Fulgencio Batista estableció una
dictadura que terminó en 1959 con el **triunfo** de · *dictatorship/triumph*
Fidel Castro. Castro hizo de Cuba el primer país
comunista de la América Latina. Aquí empieza la
gran inmigración cubana a los Estados Unidos.

Por razones políticas pero también económicas,
miles de cubanos abandonaron la isla después del
triunfo de Fidel Castro y fueron a vivir a Miami,
a 90 millas de Cuba, donde hoy un 30 por ciento
de la **población** lo constituye la inmigración cubana. · *population*

Este grupo se ha incorporado rápidamente a
la clase media norteamericana y ha tenido una gran
prosperidad económica. A diferencia de los puertorriqueños, los cubanos gozaban de una **renta** per · *income*
capita muy alta y tenían un número menor de
analfabetos. Muchos de los que vinieron ya sabían · *illiterates*
inglés y eran de la clase profesional. Además, los
Estados Unidos les ofreció una gran ayuda económica y ellos mismos, teniendo una variedad de
propósitos y actitudes, se han unido en el sudeste · *purposes*
norteamericano que muchos llaman hoy "la pequeña
Habana" o "la Habana, Florida."

Entre los mayores grupos de inmigrantes se encuentran los puertorriqueños. Su situación es muy
diferente a la de los cubanos. Son los únicos inmigrantes que entran a los Estados Unidos como
ciudadanos norteamericanos, desde 1917. La gran

inmigración puertorriqueña empezó alrededor de 1945.

En 1952 Puerto Rico fue declarado Estado Libre Asociado. Esta asociación política con los Estados Unidos le ha traído **ventajas** y **desventajas**. *advantages/disadvantages*

Puerto Rico no puede llamarse "estado" pues no tiene voto en las elecciones de los Estados Unidos. No puede llamarse "libre" tampoco porque la isla ha aceptado la intervención norteamericana en su política interna. Sin embargo, por no ser un "estado" y estar "asociado" no paga los **impuestos** *income tax* que pagan todos los estados norteamericanos.

Los inmigrantes puertorriqueños son muy diferentes en otros aspectos a los otros grupos de inmigrantes hispanos. Generalmente, es la clase pobre y analfabeta la que inmigra a Nueva York, Fila-

Roberto Clemente, puertorriqueño, de los Pittsburgh Pirates (1934–1974).

delfia o Chicago. Muchas veces ellos sufren discriminación por el color de su **piel** o por no hablar — *skin*
inglés. Aunque muchos puertorriqueños tienen que
ganarse la vida de lavaplatos, camareros, cocineros
o trabajadores en fábricas, otros han conseguido
puestos de gran importancia. Los menos educados
aun reciben asistencia pública y viven en los
"ghettos." Aquí termina el gran sueño de prosperi-
dad en la "**Tierra Prometida**" porque la mayoría — *"Promised Land"*
sólo encuentra una gran **caldera** donde se pierden — *melting pot*
los sueños de millones de inmigrantes hispanos.

En la actualidad, más de cinco millones de personas de origen mexicano residen en los Estados
Unidos. La mayor parte de ellos viven en Arizona,
California, Colorado, Nuevo México y Tejas. En
estos estados, los chicanos constituyen el 12 por
ciento de la población total.

La **guerra** entre los Estados Unidos y México — *war*
(1846–1848) no cambió mucho la tradición hispánica del sudoeste norteamericano. Hasta 1836
este territorio era mexicano y allí se conservan la
cultura, la religión y la lengua españolas. En
1848 los Estados Unidos ganó la guerra a México
y los territorios que hoy conocemos como los estados
de Utah, California, Nevada, Arizona, Colorado y
Nuevo México. Por esta razón, la primera constitución del estado de California lo declaró estado bi-
lingüe hasta 1878.

La discriminación racial entre los anglos y los
chicanos llegó a ser muy fuerte. La inmigración
y la deportación de los mexicanos eran **frecuentes** — *frequent*
debido a la proximidad de sus **fronteras**. De esta — *owing to/boundaries*
manera llegó a crearse el problema del trabajador
migratorio que pasaba la frontera ilegalmente, es
decir, sin documentos en orden y que serviría después de instrumento para su **propia** explotación. — *own*

La vida cultural y política de los chicanos, sin
embargo, se ha desarrollado considerablemente
durante los últimos veinte años constituyendo la
segunda gran **minoría** de los Estados Unidos. — *minority*

El movimiento de los chicanos, o el "chica-
nismo," tuvo su origen en la Universidad de
Loyola, en Los Angeles, en 1966. Empezó como
una protesta a favor de la **igualdad** de oportunidades   *equality*
para los chicanos. Los más conocidos y activos
líderes han sido Reies Tijerina en Nuevo México,
César Chávez en California Central, y Rodolfo
González en Colorado.

Pero, ¿qué significa ser chicano? La descripción
y el análisis de la identidad chicana es un problema
aún sin solución. Hablando en general, para muchos,
ser chicano es compartir una lengua y una cultura
en común, la española; para otros, es pertenecer a   *in common*
"la raza" o grupo que, además de compartir una
lengua y cultura en común, comparte también los
temores y dificuldades de una vida victimizada por   *fears*
la explotación del anglo.

Bajo el grito de "Chicano power" los chicanos   *under the cry of*
han mostrado que pueden unirse para **mejorar** las   *to improve*
condiciones de vida de su grupo.

Reading Comprehension

I. Complete the phrase according to the reading.
1. Un sector de inmigrantes lo constituye un grupo de personas _____ y de
   _____.
2. Otro grupo lo forman personas _____, poco _____ y de clase _____
   o _____.
3. Desde _____ han venido más de medio millón de _____.
4. Cuba se liberó de España en _____.
5. Los cubanos abandonaron _____ después del triunfo de _____.
6. Los Estados Unidos les ofreció una _____ económica.

II.
1. El grupo más numeroso de inmigrantes hispanos es el de los _____.
2. Ellos son los únicos que entran como _____ norteamericanos.
3. En _____ Puerto Rico fue declarado _____.
4. Puerto Rico no puede llamarse _____ pues no tiene _____ en las
   elecciones de los Estados Unidos.

5. Por no ser un _____ y estar _____ no paga los _____ que pagan los otros estados.

6. Los puertorriqueños sufren _____ por el _____ de piel y por no _____.

III.

1. La guerra entre los Estados Unidos y México fue en _____.
2. En _____ los Estados Unidos ganó la guerra a _____.
3. La primera constitución del estado de _____ lo declaró estado _____.
4. El movimiento de los chicanos o el _____ tuvo su origen en la _____.
5. Ser chicano es compartir una _____ y una _____ en común.
6. Los más conocidos y activos líderes han sido _____ en Nuevo México, _____ en California Central y Rodolfo Chávez en _____.

Oral/Written Expression

1. ¿Por qué sufren discriminación algunos inmigrantes?
2. ¿Qué se puede hacer para ayudar a estas personas?
3. ¿Conoce Ud. a alguien que haya sufrido discriminación?
4. ¿Tiene Ud. amigos puertorriqueños o cubanos?

8 Noun to Adjective Patterns

Words ending in **-ismo** in Spanish = *-ism* in English and the derived adjectives in **-ista** = *-ist* in English:

capitalismo/capitalista
comunismo/comunista
cubismo/cubista
fatalismo/fatalista
idealismo/idealista

impresionismo/impresionista
optimismo/optimista
pesimismo/pesimista
realismo/realista
socialismo/socialista

Many nouns ending in **-ncia** in Spanish = *-nce* in English and the derived adjectives in **-nte** = *-nt* in English:

abundancia/abundante
adolescencia/adolescente
ambivalencia/ambivalente
diferencia/diferente
distancia/distante

evidencia/evidente
importancia/importante
inteligencia/inteligente
persistencia/persistente
significancia/significante

Pablo Casals

Como tantos otros artistas e intelectuales españoles, Picasso y Casals salieron de España en protesta del gobierno de Francisco Franco. Ambos murieron en el exilio: Picasso, en Francia, a los 92 años y Casals, en Puerto Rico, a los 96.

En 1901 Casals hizo su primera gira por los

Pablo Casals en Guadalajara, México, en 1972.

Estados Unidos como director de orquesta y **solista** *soloist*
del violoncelo. Rápidamente el público se dió cuenta
del talento extraordinario de Casals, quien abrió
nuevos caminos para el violoncelo como **medio** de *medium*
interpretación artística. Casals hizo muchos viajes
a Sudamérica y cuando volvió de uno de ellos a
Barcelona, estableció una orquesta, la Pau Casals.

Fue republicano y muy activo políticamente
durante la Guerra Civil Española; cuando Franco
subió al poder, Casals fue a vivir a Prades, Francia. *came to power*
En 1950 organizó el Festival de Prades, una serie
de conciertos de **música de cámara** que dieron a *chamber music*
Casals fama internacional como director, **composi-** *composer*
tor y violoncelista.

Del gran éxito de ese festival de Francia nació
la idea del Festival Casals de Puerto Rico. El
maestro organizó el primer festival en 1957, en
San Juan, y desde entonces el festival es un evento
anual. Poco tiempo después estableció también la

Orquesta Sinfónica de Puerto Rico. Así Puerto Rico desarrolló un centro internacional de música. Cada año participan muchos **músicos** nacionales y extranjeros **ilustre**s de todas partes del mundo. Los conciertos se dan en el teatro de la Universidad de Puerto Rico y miles de turistas ya han tenido el gusto de asistir a este magnífico festival.

symphonic orchestra

musicians
illustrious

Desde 1957 Casals vivió en Puerto Rico, país que le recordaba mucho su lugar de **nacimiento**, Vendrell, en Cataluña. Su madre también había nacido en la isla y por eso consideraba no sólo a España sino también a Puerto Rico como su **patria**. Casals tenía una filosofía universal y una **conciencia** que lo hacía defender los derechos humanos de cualquier pueblo. El mismo decía: "Soy un hombre primero y un artista después. Como hombre, mi primera obligación es **el bien** de la humanidad."

birth

native land

conscience

the well-being

Este gran humanista y maestro de la música española en el exilio pidió que lo tuvieran **enterrado** en Puerto Rico hasta que cambiara el gobierno de España.

buried

Reading Comprehension

Choose the phrase to complete the sentence according to the reading.

1. Casals nació en España pero murió en _____.
2. Había organizado _____ de Prades.
3. En 1957, organizó en _____ el primer Festival _____ que es un evento _____.
4. Estableció también la _____ _____ de Puerto Rico.
5. Casals tenía una filosofía _____ y una _____ que lo hacía defender los derechos humanos.
6. Casals murió en _____ en _____.

Oral/Written Expression

1. ¿Conoce Ud. a alguien que haya asistido al Festival Casals?
2. Ud. es aficionado a la música, ¿verdad?

3. ¿Qué tipo de música es su favorita?
4. ¿Cree Ud. que el arte debe servir como una forma de protesta social?
5. ¿Conoce Ud. a algún artista que haya dejado su patria por razones políticas?
6. ¿Le gusta a Ud. la música de cámara?

Picasso (1881–1973)

Picasso, Pablo Diego José Francisco de Paula Juan Nepomuceno María de los Remedios Cipriano de la Santísima Trinidad Ruiz, fue uno de los pintores de mayor éxito en el **siglo** veinte y una de las *century* celebridades más populares de España. Su vida fue una **búsqueda** constante de la expresión artística. *search*

En 1870 empezó a pintar en un estilo impresionista.* A los 17 años salió de España para residir permanentemente en París. Sin embargo, Picasso siempre **mantuvo** su afinidad con el espíritu de la *maintained* tradición artística española de Velázquez y Goya. En su pintura se observan varios períodos, siendo los más notables el "azul," el "rosa" y el "cubista."

El período "azul" comunica una gran preocupación del artista por el dolor humano y se caracteriza por el uso del color azul. En las figuras **alargadas** *elongated* y oscuras de los **mendigos** y los **ciegos** puede verse *beggars/blindmen* la influencia de ese otro gran pintor español, El Greco.

En el período "rosa" Picasso se muestra más optimista que en el "azul." El artista cambia el mundo de los mendigos y los ciegos por el fantástico mundo del **circo** y los acróbatas. Estos dos períodos *circus* cubren más de cinco años de su producción artística.

---

* Nineteenth-century French school of painting that emphasized quick visual impressions and painting directly from nature.

Pablo Picasso junto a su pintura «Les trois danseuses» (1925).

En estos años Picasso empezó a **adquirir** la fama   *acquired*
que iba a durar hasta su muerte.

En 1906 Picasso tenía sólo 24 años y en su
constante búsqueda de expresión descubrió una
nueva concepción de la forma artística: el cu-
bismo.* "Les Demoiselles d'Avignon" fue la in-
auguración de su nuevo **estilo**.   *style*

En París, Picasso **sobrevivió** los desastres de   *survived*
la Primera Guerra Mundial. En 1936 **sobrevino** la   *happened*
Guerra Civil Española y, por primera vez, Picasso se

---

* Revolutionary phase of modern art begun in Paris in 1907.
Painters abstracted elements of an object to create imagined
rather than observed forms.

*Batalla en Toledo durante
la Guerra Civil Española.*

*La ciudad de Guernica
con sus jardines y avenida
principal, 1946.*

vió obligado a tomar facción en la política. Su contribución artística más importante a la causa de la República Española es la pintura "Guernica," nombre de una pequeña ciudad **vasca destruída** por *Basque/destroyed* Franco el 26 de abril de 1937. Desde ese incidente, la ciudad que era **desconocida** se hizo famosa en *unknown* todo el mundo como el símbolo de la injusticia y el horror de la Guerra Civil de España (1936– 1939).

En 1937 Guernica sólo tenía unos 3.500 habitantes y ahora tiene unos 15.000. Siempre ha sido un gran centro comercial aunque ahora hay muchas fábricas y menos mercados. Fue fundada en 1366 y reconstruída después de 1937. La generación que vivió y **sufrió el bombardeo** de Guernica nunca *suffered/bombing* olvidará esa tragedia, pero la nueva generación considera el cuadro de Picasso como la obra de un gran artista más que la de un símbolo de protesta social.

"Guernica" es un mural de 25 pies **de largo** y *long*

«*Guernica*»

11 pies **de alto**. Iba a exhibirse en el **pabellón** es-   *high/pavillion*
pañol de la Feria Mundial de París, en 1937. Ahora,
el cuadro es parte de la colección del artista en el
Museo de Arte Moderno de Nueva York. Picasso
había dicho antes de su muerte (1973) que no
quería que "Guernica" fuera llevada a España hasta
que cambiara el gobierno de Franco.

Con la muerte de Picasso el mundo hispánico
perdió uno de sus más grandes **genios** artísticos.   *geniuses*

Reading Comprehension

Choose the phrase to complete the sentence according to the reading.

1. La Guerra Civil española duró desde 1936 hasta _____.
2. Guernica fue destruída en _____.
3. Por razones políticas, Picasso no quería que "Guernica" fuera llevada
   a _____.
4. Picasso fue uno de los _____ artísticos españoles del siglo _____.
5. En los mendigos y los ciegos de Picasso puede verse la influencia de
   otro gran pintor español, _____
6. Guernica es un mural de _____ pies de _____ y _____ pies de
   _____.

Oral/Written Expression

1. ¿Cuántos nombres de pintores españoles conoce Ud.?
2. ¿Ha visitado alguna vez el Museo de Arte Moderno en Nueva York?
3. ¿Ha visto las pinturas de Picasso en el museo?
4. ¿Cree Ud. que Picasso es conocido internacionalmente?
5. ¿Ha visitado el Museo del Prado en Madrid?

LITERATURE

The following literary selections include plays, short stories, and poems. They have been abridged and adapted to eliminate vocabulary and structures that are not normally studied in a beginning course. In this general sense, they are graded, but they are challenging and should be read at the end (or near the end) of the first year. They can be used to great advantage for review after the completion of the course.

The vocabulary glossed in the margins has been done independently for each selection, and the words do not appear in the end vocabulary. Their meanings are usually drawn from a particular context. As in the first section of the reader, there are comprehension exercises as well as oral/written expression to encourage creativity with the language. The poetry is meant to be read aloud and enjoyed; it is the only material not accompanied by exercises.

The dramas and short stories offer natural spoken language, which is, after all, one of the primary aims of language instruction.

Una carta a Dios

Lo único que estaba **haciendo falta** a la tierra era una **lluvia**.

—Ahora sí que se viene el agua, vieja.

Y la vieja, que preparaba la comida, le respondió:

—Dios lo quiera.

Fué durante la comida cuando, como había dicho Lencho, comenzaron a caer **gotas** de lluvia.

—Esto **sí que** está muy malo—exclamaba el hombre—ojalá que pase pronto . . .

No pasó pronto. Durante una hora, el **granizo** cayó. El campo estaba tan blanco que parecía una **salina**. Pasada la **tormenta**, decía a sus hijos:

—El granizo no ha dejado nada: ni una sola **mata de maíz** . . .

La noche fué de lamentaciones:

¡Todo nuestro trabajo, perdido!

—Este año pasaremos hambre . . .

Pero había una esperanza: la ayuda de Dios.

Lencho era un hombre rudo pero no lo era tanto que no supiera escribir. Ya con la luz del día y **aprovechando** la circunstancia de que era domingo, se puso a escribir una carta que él mismo llevaría al pueblo para **echarla al correo**.

Era nada menos que una carta a Dios.

"Dios—escribió—si no me ayudas pasaré hambre durante este año: Necesito cien pesos para volver a **sembrar** y vivir mientras viene la otra **cosecha**, pues el granizo . . .

Escribió en el **sobre** "A Dios," metió la carta y, aun preocupado, se fue al pueblo. Ya en la oficina de correos, le puso una estampilla a la carta y la **echó en el buzón**.

Un empleado, que era **cartero** y todo en la oficina de correos, llegó riéndose a su jefe: le mostraba nada menos que la carta **dirigida** a Dios. Nunca había conocido ese **domicilio**. El jefe de la oficina también se puso a reír y comentaba:

missing
rain

drops
certainly

hail

salt mine/storm

sprig of corn

taking advantage of

to mail it

sow
harvest
envelope

threw in the mailbox
mailman

addressed
residence

—¡La **fe**! ¡Quién tuviera la fe de quien escribió *faith*
esta carta! ¡Creer como él cree! ¡Tener correspondencia con Dios!

Y, para no **defraudar** aquella fe, **descubierta** a *disappoint/discovered*
través de una carta que no podía ser entregada, el
jefe tuvo una idea: contestar la carta. Pero una
vez abierta, se vió que para contestarla necesitaba
algo más que buena voluntad, **tinta** y papel. Puso *ink*
parte de su sueldo y a varias personas les pidió
ayuda "para una **obra piadosa**." *work of charity*

Fué imposible para él reunir los cien pesos
solicitados por Lencho, y envió al **campesino** lo *farmer*
que había reunido: algo más que la mitad. Puso los
billetes en un sobre dirigido a Lencho y con ellos
una carta que no tenía más que una firma: DIOS.

Al siguiente domingo Lenchó llegó temprano a
preguntar si había alguna carta para él. Fué el
mismo cartero quien le entregó la carta, mientras
que el jefe, con la satisfacción de quien ha hecho
una buena acción, miraba a través de un **vidrio** *glass window*
desde su oficina.

Lencho no mostró la menor **sorpresa** al ver los *surprise*
billetes—tanta era su seguridad—pero hizo un **gesto** *angry gesture*
de cólera al contar el dinero. . . ¡Dios no podía
haberse equivocado, ni negar lo que se le había *have made a mistake*
pedido!

Inmediatamente, Lencho se acercó a la **venta-** *window*
nilla para pedir papel y tinta. Se puso a escribir
tratando de dar forma legible a sus ideas. Al terminar, fué a pedir una estampilla para su carta.

En cuanto la carta **cayó al buzón**, el jefe de *fell in the mail box*
correos fue a **recogerla**. Decía: *to pick it up*

"Dios: del dinero que te pedí, sólo llegaron a
mis manos sesenta pesos. Mándame el resto, que
me hace mucha falta; pero no me lo mandes por
la oficina de correos, porque los empleados son
muy **ladrones**. Lencho." *dishonest*

Gregorio López y Fuentes
(México, 1897–1966)

Reading Comprehension

Verdadero (+)   Falso (−)

1. Lencho no quería que cayera lluvia al campo.   ———
2. Durante la comida empezaron a caer gotas de lluvia.   ———
3. Lencho era un hombre muy bien educado.   ———
4. Los empleados de la oficina de correos son muy ladrones.   ———
5. Dios le mandó a Lencho el dinero que pidió.   ———
6. Lencho no pidió estampilla para su carta.   ———

Oral/Written Expression

1. ¿Ha tenido Ud. correspondencia con Dios?
2. ¿Cree Ud. en la ayuda de Dios?
3. ¿Piensa Ud. que nadie se muere de hambre en los Estados Unidos?
4. ¿Cree Ud. que Dios ayuda a los buenos y a los malos?
5. ¿Conoce Ud. a alguien que haya escrito una carta a Dios?
6. ¿Piensa Ud. que hay gente que tenga mucha fe en estos días?

El paletero tenía la razón

Personajes: *	Señor Alfa: **Oficinista** de 45 a 50 años.	*office worker*
(*Characters*)	Señor Gamma: Oficinista de 25 años.	
	Chavo: Estudiante de 17 años.	
	Chava: Estudiante de 17 años.	
	Señora: Ama de casa de la clase media y de 40 años.	
	Paletero: Alrededor de 40 años.	*ice-cream man*
Lugar:	México, D. F., 1968.	

——————

* Settings and stage directions are translated into English.

When the curtain goes up, a bus stop sign appears to the left, a tree a little to the right, and another tree to the far right. At the tree next to the bus sign is Sr. Alfa with Sr. Gamma. Next to the tree on the right are Chavo and Chava.

SEÑOR ALFA: Te quiero como a un hijo desde que entraste a trabajar a mi oficina . . . No sabes el gusto que me da el saber que sigues mis enseñanzas al evitar esos **motines** de los jóvenes actuales *riots* . . . Creen que van a cambiar a la sociedad **tirándole piedras** a la policía, y pues no es así, *throwing stones* ¿verdad?

SEÑOR GAMMA: No, señor.

CHAVO: Vamos a tener que caminar hasta la escuela . . . No pasan los **camiones** y ya ves que *buses* hoy hay **asamblea** para decidir si va a haber *meeting* huelga o no.

CHAVA: Y a mí que ya me están doliendo los pies.

CHAVO: A menos que te quieras ir a tu casa, pero no sé cómo te va a recibir tu papá, has estado tres días fuera.

CHAVA: Y **a lo mejor** ya sabe lo que hicimos. *most likely*

CHAVO: A lo mejor no . . . pero, ya se lo imaginará.

SEÑOR ALFA: Supongo que no ves con buenos ojos el amor libre, ¿verdad?

SEÑOR GAMMA: Sí, jefe.

SEÑOR ALFA: Veo que asimilas bien mis **conocimien-** *experience* **tos** . . . Haces bien, eso es lo correcto.

CHAVA: ¿Y tú crees que **levanten la huelga**? *call off the strike*

CHAVO: No sé, yo creo que no . . . Pero tenemos que ir a votar porque continúe, a ti no te conviene que la levanten.

SEÑOR ALFA: ¡Cómo **tardan** los camiones! *take long*

(The ice-cream man appears on the left.)

PALETERO: ¡Hay **paletas**! ¡Hay paletas! (Al Señor *popsicles* Alfa y al señor Gamma) ¿No quieren paletas mientras conversan?

SEÑOR ALFA: No, gracias. Solamente esperamos el camión.

PALETERO: Pues mientras viene el camión.

SEÑOR ALFA: Oiga, ¿no sabe por qué tarda tanto?

PALETERO: A lo mejor por los estudiantes . . . ¿No quieren paletas?

SEÑOR ALFA: ¡Claro!

PALETERO: ¿Cuántas?

SEÑOR ALFA: No . . . Me estaba refiriendo a los estudiantes, hacen todo lo que quieren **menos** estudiar. *except*

PALETERO: Hay algunos, pero . . .

SEÑOR ALFA: (Interrumpiendo) Lo que hace falta es disciplina . . . **¡Hay que acabar con los revoltosos!** *The rebels have to be eliminated*

SEÑOR GAMMA: Sí, jefe, esa es la solución.

PALETERO: No, señor, esa no es la mejor solución. Yo creo que . . .

SEÑOR ALFA: (Interrumpiendo) Es la única, no hay otra.

SEÑOR GAMMA: Sí, no hay otra.

PALETERO: No, no. Mire . . .

(Señora appears on the right, crosses the stage, and approaches the ice-cream man.)

SEÑORA: Señor.

PALETERO: ¿Sí?

SEÑORA: ¿Pasa por aquí un camión que me deje en Mixcoac?

PALETERO: Sí. ¿No quiere una paleta mientras espera el camión?

SEÑORA: No . . . Bueno, sí. Déme una de limón por favor.

CHAVO: Mira, compra unas paletas y ya nos vamos a la escuela. **Citaron a asamblea** a la una y ya es. Hay que empezar a caminar para llegar cuando empiece. *They called a meeting.*

CHAVA: Bueno, vamos por las paletas; luego a ver qué se nos ocurre y ojalá no levanten la huelga.

(He begins to look for money in all his trouser pockets.)

SEÑORA: (Al paletero) ¿Tardará mucho el camión todavía?

SEÑOR ALFA: ¡Que si tardan! . . . Señora, pregúnteme a mí que llevo más de quince minutos sin haber visto pasar un solo camión.

SEÑORA: Sí, últimamente han estado tardando mucho, ¿verdad?

SEÑOR ALFA: Sí, bastante.

SEÑORA: Sí, esto es **una lata** . . . ¡Qué barbaridad!   *a nuisance*

SEÑOR ALFA: Sí . . . Esos estudiantes nos quieren dejar sin **medios de transporte**.   *means of transportation*

PALETERO: Lo que pasa es que tienen que hacer algo aunque podrían hacer mejor . . .

SEÑORA: (Interrumpiendo) Nada, lo que pasa es que andan agitando y no saben por qué; yo sé que lo único que van a conseguir es una dictadura tipo Cuba.

SEÑOR ALFA: Eso es lo que yo digo.

(The Chavos count the money and they approach the ice-cream man.)

CHAVA: Déme dos de limón, por favor.

(The ice-cream man gives them popsicles but doesn't pick up their money.)

PALETERO: (A los tres señores) Es que ustedes **juzgan** sin oírlos.   *judge*

SEÑOR ALFA: No hay nada más que oír, la verdad es que esos estudiantes quieren implantar el comunismo y el amor libre, **amén de** adorar   *besides*
al Che, a Mao y a Castro . . . Quieren **acabar**   *do away with*
con la Iglesia, el cristianismo y las buenas costumbres . . . Si yo fuera presidente, los metería a la **cárcel** a **trabajos forzados** . . .   *jail/forced labor*

CHAVA: Y **si le pegaran** a uno de sus hijos, ¿pensaría lo mismo?   *if they beat up*

SEÑOR ALFA: (Con enojo y sorpresa) ¡Mis hijos **no se mezclan en mitotes**! . . . Están muy bien educados . . .   *don't get mixed up in rabble rousing*

CHAVO: (Al señor Gamma) ¿Tú qué crees?

SEÑOR ALFA: El cree lo que yo creo . . . (Al señor Gamma con severidad) ¿Verdad?

SEÑOR GAMMA: (Tímidamente) Sí, jefe.

CHAVO: (Al Paletero) ¿Y usted estaría de acuerdo en tener unos hijos como los del señor? (**Señala** al Señor Alfa)   *points to*

PALETERO: No precisamente, es necesario que los hijos sean **obedientes**, pero también . . .   *obedient*

SEÑOR ALFA: (Interrumpiendo) Yo sí estoy contento con los hijos que tengo.

SEÑORA: Mis hijos también son como dijo el señor, son obedientes . . . No hacen lo que les digo que no hagan.

PALETERO: Sí, sí, correcto, pero . . .

CHAVO: (Interrumpiendo) Si yo supiera que mis hijos van a ser como los de ustedes (riendo), ni me casaba, y mucho menos tendría hijos . . . (A la Chava) Nos **llenarían** de vergüenza si fueran así, ¿verdad?   *would fill*

SEÑOR ALFA: (Exaltado) Vergüenza, ¿por qué, **babosos**?   *scums*

PALETERO: (Al señor Alfa) Señor, mire, yo digo que . . .

CHAVO: Pues porque si es así como lo explica usted, señor, sus hijos no son obedientes.

CHAVA: Sí . . . Sus hijos no son obedientes.

PALETERO: (A los Chavos) Oigan, yo . . .

SEÑOR ALFA: (Sin escuchar al Paletero, **exaltadísimo**.) ¿Por qué no, estúpidos?   *very excited*

PALETERO: (Al señor Alfa) Yo . . .

CHAVO: (Ignorando al Paletero) ¡Ay, señor! . . . Pues porque sus hijos son **borregos** sin aspiraciones o le **siguen a usted la corriente** para al final conseguir un favor.   *followers / try to please you*

CHAVA: Eso no es ser obediente.

(The ice-cream man tells Chava something, but Chavo interrupts him.)

CHAVO: (Burlándose) Usted es un viejo . . .
SEÑOR ALFA: (Con ira) ¡Ustedes también van a ser viejos . . .
CHAVO: (Divertido) ¿Como ustedes tres?

(Señora slaps them.)

SEÑORA: ¡Comunistas!
CHAVA: (Regresándole **la bofetada**) ¡No nos **pegue** . . .!

the slap
hit

SEÑORA: (Ofendida, casi **llorando**) ¡Voy a llamar a la policía para que **se los cargue**! (Camina hacia la izquierda.) ¡Ay, Dios mío! (Sale.)

crying
take you away

SEÑOR ALFA: Insultaron a una dama, creo que ya han de estar satisfechos . . . (Al señor Gamma con severidad) ¡**Golpéalos**!

Beat them up!

(Señor Gamma goes in front of Chavo and stops rather frightened before him.)

PALETERO: ¡Espérense, por favor!

(Chaco begins to hit Señor Gamma and Chava hits Señor Alfa. The ice-cream man tries to get between those who are fighting.)

PALETERO: ¡Oigan, oigan, esperen! ¿Que no ven que ésta no es forma de hablar? ¡Esperen!

The ice-cream man gets between Chava and Sr. Alfa; Chava begins to hit him and then Sr. Alfa, too. Sr. Gamma and Chavo fall down while they're fighting and next to them falls the ice-cream man, whom Chava and Alfa keep hitting. Chavo gets up suddenly and kicks Gamma and then ends the fight by hitting the ice-cream man.

PALETERO: ¡Ay! ¡Ay! ¡Espérense! ¿Qué están haciendo?

(Gamma gets up and begins to hit the ice-cream man. Everyone keeps hitting him until he stops shouting.)

CHAVO: **Vaya, se calló**.   *that's it, he shut up*

SEÑOR ALFA: Yo no sé qué quería este señor.

CHAVO: Yo tampoco sé.

CHAVA: Ni yo.

SEÑOR ALFA: ¡Pero gracias a que ustedes intervinieron pronto, las cosas **no pasaron a mayores**!   *didn't get worse*

CHAVO: Bueno, sin la ayuda de ustedes, no lo hubiéramos conseguido.

SEÑOR ALFA: Bueno, pues mucho gusto.

TODOS: ¡Mucho gusto! (Se estrechan las manos.) ¡Hasta luego, señores!

SEÑOR ALFA: ¡Hasta luego, que les vaya bien!

CHAVA: Sí, gracias.

Chavo and Chava exit to the left and all the others exit to the right. The ice-cream man is left lying on the stage.

Miguel Angel Tenorio
(México)

Reading Comprehension

Escoja la frase que mejor complete la oración según la lectura.

1. El señor Alfa quiere al señor Gamma porque
   a) sabe que sigue sus enseñanzas
   b) le tira piedras a la policía
   c) es un buen trabajador
2. Los chavos tienen que ir a votar porque
   a) les conviene
   b) continúe la huelga
   c) tardan mucho los camiones

3. El paletero tenía la razón porque
   a) vendía sus paletas a los estudiantes
   b) el señor Alfa compró una paleta
   c) dijo: "¿Que no ven que ésta no es forma de hablar?"
4. El señor Alfa estaba contento porque
   a) tenía hijos obedientes
   b) sus hijos querían implantar el comunismo
   c) ellos no se mezclaban en mitotes
5. La Señora llamará a la policía para que
   a) insulten a los chavos
   b) pegue al paletero
   c) " . . . se los cargue!'
6. Las cosas no pasaron a mayores porque
   a) el paletero vendió las paletas
   b) los chavos eran jóvenes
   c) los chavos intervinieron

Oral/Written Expression

1. ¿Cree Ud. que los jóvenes deben evitar los motines?
2. ¿Piensa Ud. que lo que hace falta en nuestra sociedad es disciplina?
3. ¿Cuál es la mejor solución para cambiar la política del país, tirar piedras a la policía o votar en las elecciones?
4. ¿Cree Ud. que el país tendrá alguna vez una dictadura tipo Cuba?
5. ¿A qué llama Ud. un "hijo obediente"?
6. ¿Se burla Ud. de los viejos?

Un negocio malísimo

Debido a las limitaciones de mi inteligencia, no pude hacer suficiente dinero en la ciudad para ser rico, tan pronto como yo esperaba y ser un ciudadano respetable, **poseedor** de una familia y   *possessor*

otras bellas cosas. El destino no lo quiso y estoy
aquí, al final de mis días sin un centavo.

Durante mi larga vida—tengo más de noventa,
bueno, más de noventa y uno—he aprendido que
es casi imposible, si no se desea, morir de hambre
en un pueblo o en una pequeña ciudad. Por eso
me dirigí al **campo**.

countryside

Me establecí en un lugar abandonado desde
hacía muchos años, en Ixcamilpa, Mexico.

Mi perra, una terrier, había tenido cinco **perritos**
seis semanas anteriores al día en que Crescencio,
un campesino del pueblo fué a visitarme.

little dogs

Conversamos, fumamos y todo el tiempo estuve
tratando de investigar lo que pretendía.

Crescencio concentró su atención en los animali-
tos y lo hizo como si se fijara en ellos por primera
vez desde su **llegada**.

arrival

Finalmente, dijo: "**Caray**, qué lindos perritos,
hermosísimos!"

Good heavens

Entonces supo lo que quería.

"Perrito lindo," dijo, es un perrito muy lindo,
este es el que me conviene, exactamente el que
he estado buscando, así, pues, me lo llevo en seguida para que se vaya acostumbrando a mí. Muchí-
simas gracias, mil, mil gracias, señor, por su
amabilidad y generosidad.

kindness

Crescencio caminó diciendo: "Adiós, señor."

"Oiga Crescencio, usted no puede llevarse al
perrito sin pagarme un peso por él."

Se detuvo, y sin mostrar sorpresa, dijo: "¿Cómo
dice usted, señor?"

"Crescencio, el perrito le costará un peso, y a
menos que traiga el dinero, no podrá llevarse el
perro. Debe usted comprender, Crescencio, que estos
perros me han costado bastante por la leche, el
arroz y la carne que se comen. Lo siento,
pero tendrá usted que dejarlo y traer el peso
primero.

En aquel momento Crescencio terminó con sus
difíciles reflexiones. "Yo le consideraba a usted como

un buen **cristiano**, señor, y siento haber descubierto   *Christian*
que no lo es usted. ¿Cómo puede ser tan cruel?"

"Traiga usted el peso y tendrá el perro."

"¿Todos cuestan un peso?," preguntó Crescencio después de meditar.

"No, éste no," dije señalando a uno, "éste le costará ocho reales."

Ocho reales hacen exactamente un peso.

"¿Ocho reales?," repitió Crescencio. "Ocho reales es muy poco por un perrito tan bonito, de cualquier modo prefiero el que había tomado. No señor, no me venderá usted el otro por ocho reales, yo sé bien lo que compro. Me llevo éste por un peso, es el más **fuerte** de todos."   *strong*

"Bueno, **se lo guardaré** hasta que traiga el peso."   *I'll keep it for you*

"Muy bien, señor, hasta mañana."

Con esas palabras Crescencio se despidió y regresó a su casa.

A la mañana siguiente, temprano, Crescencio regresó y después de mirar a los perritos dijo: "Un peso es mucho dinero, señor. En verdad, creo que es mucho pagar por el animalito . . .

"Por mí muy bien, Crescencio. Si no quiere comprarlo déjelo. Un peso es mi última palabra."

"Hablando de precios y de gastos," dijo Crescencio, "**me figuro** que debe usted sentirse muy solo   *I figure*
aquí en su **jacalito**. Ayer decía yo a mi mujer; ese   *shack*
gringo debe sentirse muy solo, bueno, perdóneme, señor, quiero decir que la mujer dijo, ese americano debe sentirse muy solo, sin tener jamás quién le acompañe.

"No me siento tan solo como usted cree Crescencio. Tengo mucho trabajo, éste ocupa totalmente mi atención y raramente me doy cuenta de que estoy solo. Me gusta vivir así, trabajando.

"Eso es, eso es precisamente lo que la mujer dice, que tiene usted demasiado trabajo que hacer. ¿Cómo puede usted **cocinar**, lavar y **limpiar** la casa?   *cook/clean*
Ni yo ni la mujer podemos entender eso.

"Conoce usted a Eulalia, señor?"

"No, no conozco a Eulalia."

"Verá usted, Eulalia es mi hija. Tiene casi diecisiete años y es muy bonita. Es bastante morena y tiene los ojos cafés. Además, Eulalia es **muy lista**. Casi sabe leer y escribe perfectamente su nombre. Es muy honesta, crea en mi palabra, señor, y muy limpia.

very smart

Con gusto hubiera pagado un peso para saber cómo y cuándo saldría **nuevamente** el asunto del perro.

again

"La vida está muy cara, señor, no le parece? Eulalia, mi hija, es muy económica. Sí, señor. . . . Yo y la mujer lo hemos pensado toda la noche," continuó. "Imaginamos que debe usted sentirse muy solo y que, además, no conviene a la categoría de un **caballero** como usted, la tarea de cocinar y lavar. Y después de pensarlo y reflexionar sobre **ello**, la mujer y yo, decidimos que la cosa no podía continuar así y acordamos enviar a usted a Eulalia para que hiciera todo el trabajo de la casa."

gentleman

it

La idea con las conveniencias presentadas por Crescencio, me seducía. A decir verdad yo perdía mucho tiempo cocinando y lavando y resultaba tonto, cuando una **sirviente** podía realizarlo y aun mejor que yo.

maid

"Es una vergüenza vivir solo, señor, créame. No resulta conveniente para ningún hombre sano."

"Bueno, dije, **la probaré**, la dejaré trabajar por dos semanas, si resulta buena cocinera podrá permanecer aquí todo el tiempo que yo viva en este sitio y que será aproximadamente seis u ocho meses."

try her out

"Ya sabía yo que le gustaría mi proposición."

"¿Cuánto querrá ganar Eulalia?" pregunté a Crescencio.

"Yo creo que doce pesos al mes no serían mucho, ¿qué le parece a usted la proposición, señor?"

No contesté inmediatamente porque me quedé pensando en el sueldo que una sirviente puede exigir en mi tierra y que sería aproximadamente de doce a la semana, y no pesos sino dólares. Bueno, doce pesos . . ."

Crescencio, viéndome reflexionar, pensó que la suma me había dejado sin habla y dijo tratando de disculparse: "Bueno señor, podemos discutirlo, no fué mi última palabra. Digamos nueve pesos al mes. O . . . bueno, que sean siete cincuenta.

Ahora me voy, regreso a casa para mandarle a Eulalia inmediatamente. Tendrá tiempo de cocinar la comida de hoy.

Había caminado alrededor de cincuenta pasos cuando se detuvo y volviéndose dijo: "Señor, no cree usted justo **pagar algo adelantado** a Eulalia? *to pay in advance* Como usted comprenderá, señor, ella tiene que hacer algunos gastos para arreglar sus cosas. Creo que con medio mes de sueldo le alcanzará."

"Mira, Crescencio, no le puedo pagar nada adelantado porque no conozco a Eulalia, ni sé si ella quiere venir conmigo. No, Crescencio, no le pagaré nada adelantado, ya recibirá su sueldo al final de cada semana."

Crescencio al parecer se hallaba preparado para oír mi negativa, porque no se afectó, mostrándose por el contrario afable y diciendo: "Pero señor, ya es costumbre establecida, que cuando se contrata a una sirviente se le pague algo adelantado. Yo creo que con dos pesos la cosa se arreglaría. ¿Qué le parece, señor?"

"Bueno, Crescencio, te daré algo adelantado, pero no más de un peso."

Fuí a traer el peso y lo entregué a Crescencio.

El lo tomó, **lo mordió** para estar seguro de que *he bit it* no era falso y dijo: "¡Mil gracias, señor!" después de lo cual salió.

Nuevamente no había caminado mucho, cuando regresó. Esta vez mirando a los perritos.

Sin decir palabra se acercó a ellos y con movimiento seguro tomó aquel que antes había tenido en los brazos el día anterior.

"Perrito lindo", dijo sonriendo. "¿Cuánto dijo

usted que quería por él? ¿Un peso? Un peso es mucho dinero. No comprendo cómo puedo pagar tanto dinero por un perro. . . . Bien, ya que usted no quiere **rebajar** ni un centavo, aquí tiene su peso."

lower the price

Sacó el peso que sólo cinco minutos antes le había yo entregado.

Tomé el peso, mi peso.

"Bueno, señor," dijo llevándose al animalito, "bueno, el perrito es mío, ¿verdad, señor? Lo he comprado, ¿cierto? Le he entregado a usted el dinero que por él pedía. ¿Correcto?"

"Sí, Crescencio, el perrito es suyo, usted me ha pagado por él, **honradamente**. Así, pues, **el trato está cerrado**. Ahora, vayase y mándeme a Eulalia enseguida. Debe comenzar a trabajar ahora mismo.

honestly/it's a deal

"No se preocupe señor, la mandaré en seguida. Soy su padre y ella hará lo que yo le diga. Estará aquí antes de una hora con todas sus cosas y empezará a trabajar inmediatamente."

Y salió.

Esperé una hora, dos, tres, y seguí esperando.

Después de cuatro horas de esperar a Eulalia, me dirigí al jacalito de Crescencio. Allí estaba él jugando con el perro y ponía tanta atención en eso, que parecía dedicado a la **tarea** más importante del mundo.

task

Al verme, dijo sin la menor alteración ni en la voz ni en la expresión de su cara: "**Pase**, señor, pase por su casa, aquí estamos todos a sus órdenes."

come in

"¿Dónde está Eulalia? Me prometió mandarla inmediatamente, ¿no es verdad?"

"Eso es exactamente lo que le prometí, señor, y lo que hice cuando llegué a casa."

"Bueno, pues aún no llega."

"Yo no tengo la culpa, señor. Yo la mandé inmediatamente pero ella me dijo que no quería ser cocinera de ningún gringo . . . es decir, que no quería cocinar y trabajar con ningún americano. ¿Qué podía yo hacer, señor?, dígame. Eulalia ya es una mujer y ya sabe usted que las mujeres en nuestros días tienen sus ideas. Todas esas ideas las han tomado de las gringas, quiero decir, de las mujeres de su país.

Ciertamente que la mandé en seguida como lo había prometido. Ella no quiere cocinar y trabajar para usted. No quiere dejar la casa para ir a vivir y a trabajar a otro lado. Y si la envié en seguida fué porque así se lo había prometido a usted."

"En ese caso, Crescencio, tiene usted que devolverme el peso que le dí por el contrato."

"¿De qué peso habla usted, señor? Ah, sí, ya recuerdo, el peso de Eulalia. Pero no recuerda usted, señor, que yo se lo dí cuando compré el perro y que usted dijo: 'está bien Crescencio.' Eso es lo que usted dijo."

"Si no me devuelve el peso del contrato, Crescencio, tendrá usted que devolverme el perro."

"¿El perro?" ¿El perro, señor? ¿No recuerda usted que esta mañana le compré este mismo perrito y le pagué por él un peso, el precio exacto que usted me pidió? ¿No se acuerda, señor? Entonces usted dijo: "Está bien Crescencio. Eso fué lo que usted dijo exactamente. Y dijo que el perro era mío, ya que lo había yo comprado honradamente pagando por él mi peso."

Pensé y comprendí que desde cualquier punto de vista, Crescencio tenía razón. Pero me quedé con la idea de que alguna **equivocación** debía haber _mistake_ en el curso comercial por correspondencia, que titulaban **"El Buen Vendedor."** _they called_ _"The Good Salesman"_

Bruno Traven

Reading Comprehension

Escoja la frase que mejor complete la oración según la lectura.

1. El cuento tiene lugar en _____.
2. La terrier había tenido _____ perritos.
3. El protagonista del cuento es norteamericano, no es _____.

4. El norteamericano quería que Crescencio le pagara _____ por el perrito.
5. Eulalia era la hija de _____.
6. Eulalia tenía _____ años.
7. Su padre la mandó a trabajar en la casa del _____ pero ella no _____ hacerlo.
8. El mexicano engañó al _____ porque le devolvió el mismo _____ que le había dado antes.

Oral/Written Expression

1. ¿Le gustan a Ud. los perros?
2. ¿Tiene Ud. un perro en su casa?
3. ¿Pagaría Ud. un peso por un terrier?
4. ¿Cree Ud. que un perro cuesta bastante por la leche, el arroz y la carne que se comen?

Discusión

Comente estas ideas.

1. La palabra "gringo" se refiere a un norteamericano que no es considerado "simpático" por un hispano.
2. Crescencio dice que un hombre no debe cocinar, lavar o limpiar la casa.
3. Eulalia no quiere a los norteamericanos. No quiere trabajar para un "gringo."

Lo invisible

Personajes:
(*Characters*)

La actriz   (*Actress*)
Una señora
El autor
El traspunte (*Prompter*)

(En **escena**, la Actriz y el Autor) *stage*

AUTOR: ¿Se va ya a **principiar**? *to begin*

ACTRIZ: Faltan unos minutos.

AUTOR: ¿Han dado ya la segunda?*

ACTRIZ: Todavía no.

A lady appears dressed in ordinary clothes. She addresses the actress.

SEÑORA: ¿Un momento, señora?

ACTRIZ: Todos los que Ud. quiera.

SEÑORA: Pocos; la representación va a comenzar.

AUTOR: Yo, con permiso de ustedes, **me retiro**. *I'll leave*

SEÑORA: No, no; es usted el autor de la obra, y yo
    tengo interés en que el autor asista a esta
    conversación.

AUTOR: Si es así. . .

SEÑORA: Por usted tanto como por la actriz, la
    eminente actriz, he venido.

ACTRIZ: Gracias, señora.

SEÑORA: ¿No me conocen ustedes?

The prompter appears with the script in his hand
and asks whether he should ring the second bell.

SEÑORA: ¿Quién es este **caballero**? *gentleman*

ACTRIZ: El traspunte de la compañía.

TRASPUNTE: **Servidor de usted**. *at your service*

SEÑORA: ¿Y usted no me conoce tampoco?

TRASPUNTE: No, señora, no.

SEÑORA: Usted me estaba mirando **de un modo** . . . *in such a way*

ACTRIZ: Si usted permite, el traspunte va a terminar
    algunos **detalles**. *details*

TRASPUNTE: Con permiso.

---

* *Have they rung the second bell?* Three bells signal the start of
a play in Spanish theater.

(Se marcha.)

SEÑORA: Me he permitido venir para tener el gusto
de saludar a ustedes.

ACTRIZ: Gracias.

AUTOR: Muchas gracias.

SEÑORA: Y ustedes saben quién soy . . . y no lo
saben.

ACTRIZ: Si fuera a decir la verdad . . .

AUTOR: En cuanto a mí . . .

SEÑORA: No, si no tiene nada de particular. **Usted**   *you act out very well*
representa bien, maravillosamente, la obra.   *the play*

ACTRIZ: Muy **bondadosa**.   *kind*

SEÑORA: Y usted . . . A usted yo quisiera decirle
algo sin que **se incomodara**.   *getting upset*

AUTOR: Puede usted decir cuanto quiera.

SEÑORA: ¿Cree usted que se puede jugar con cosas
serias, muy serias?   *serious*

AUTOR: ¡Oh, claro que no!

SEÑORA: ¿Cree usted que los grandes misterios de
la vida pueden ser **tratados a la ligera**?   *treated lightly*

AUTOR: ¡Me hace usted unas preguntas . . .!

SEÑORA: Las que debo.

ACTRIZ: Señora, usted perdone. Yo creo que estamos
representando una escena un poco misteriosa.

SEÑORA: Muy misteriosa, en efecto; así es.

AUTOR: Yo, hasta ahora, no comprendo nada de
lo que esta señora dice.

SEÑORA: Conozco su obra. He visto su representación. Señor autor: cuidado con lo que se hace.

AUTOR: ¿Por qué he de tener cuidado?

SEÑORA: Mucho cuidado, repito, con lo que escribe;   *to put on stage*
llevar a la escena temas como éste es un poco
peligroso.   *dangerous*

AUTOR: Peligroso, ¿por qué?

SEÑORA: ¿No lo cree usted, señora?

ACTRIZ: ¡Si usted no se explica mejor . . . !

SEÑORA: Usted interpreta bien los personajes; su
gesto, su cara, toda su persona expresa el misterio, el terror. Tiene usted un arte maravilloso
para hacer sentir . . .

ACTRIZ: Hacer sentir, ¿qué?

SEÑORA: No necesita decirlo.

(Sonriendo **ligeramente**)   *slightly*

AUTOR: ¿Sonríe usted?

SEÑORA: ¿Quiere usted que me nombre a mí misma?
¿Tan poco **perspicaz** es usted, que no me ha co-   *perspicacious*
nocido?

ACTRIZ: Entonces usted cree ser . . .

SEÑORA: ¡Bah, bah! Si no lo fuera, ¿estaría yo en
todas partes? ¿Sabría yo lo que pasa en todos
los lugares del mundo?

AUTOR: Es curioso.

SEÑORA: ¿Dice usted que es curioso? ¿Duda usted?
¿No lo cree?

AUTOR: Yo no pongo en duda su sinceridad.

SEÑORA: Hace usted bien. Ahora ha dicho usted
unas palabras **profundas**. ¡Nada hay en el mundo   *of profound meaning*
tan verdadero como yo! ¡Yo soy la verdad
misma!

ACTRIZ: Pero, en fin, **aclaremos** ese misterio.   *let's clear up*

SEÑORA: No necesita usted **aclaraciones**.   *clarifications*

AUTOR: La señora es . . .

SEÑORA: Hable usted; no tenga miedo.

ACTRIZ: Pero ¿**es de veras**?   *Is that really so?*

SEÑORA: ¡Ja, ja, ja! Me hacen ustedes reír. ¡Y
si vieran ustedes qué pocas veces río!

AUTOR: Tiene usted una risa **extraña**.   *strange*

ACTRIZ: Muy extraña.

SEÑORA: No me ven ustedes con mi propia figura.
¿Creían ustedes que yo iba a ir vestida de negro,
con un gran **velo**? No; ahora voy como todos.   *veil*

AUTOR: ¿Lleva usted alguna vez otro traje?

SEÑORA: No llevo traje; no lo necesito.

AUTOR: Es una **economía**.   *savings*

SEÑORA: ¿Irónico también?

ACTRIZ: Deje usted que hable la señora.

SEÑORA: Con un **relojito de arena y una guadaña**   *hourglass and scythe*
chiquita me basta.

AUTOR: **Mensaje sencillo.** *a simple message*

SEÑORA: Muy sencillo. Todos lo saben . . . y ustedes también.

(Aparece el Traspunte.)

TRASPUNTE: Perdonen ustedes; **el público se im-** *the audience is getting*
pacienta. *impacient*

ACTRIZ: Que toquen una **sinfonía** larga. *symphony*

TRASPUNTE: Ya lo han hecho.

ACTRIZ: Pues dé usted la tercera.*

SEÑORA: (Al Traspunte) ¡Otra vez me mira usted
asombrado? *shocked*

TRASPUNTE: No, señora. ¿Por qué?

ACTRIZ: Deje usted que vaya a dar la tercera.

SEÑORA: Yo también **suelo dar avisos** algunas veces; *used to giving advice*
otras, no. Y mucha gente no los oye.

TRASPUNTE: Con permiso de ustedes.

(**Se marcha**.) *He exits.*

SEÑORA: Yo me voy a marchar también.

AUTOR: Y quedamos como antes.

SEÑORA: Como antes, no.

ACTRIZ: ¡La señora es tan misteriosa . . . !

SEÑORA: Saben ustedes quién soy. ¿No es verdad,
señor autor?

AUTOR: Hable usted **con franqueza.** *frankly*

SEÑORA: Yo he querido venir esta noche a visitar
a ustedes; pero es una simple **visita de cortesía.** *courtesy call*

ACTRIZ: Y nosotros . . . lo agradecemos mucho.

SEÑORA: Yo estoy en todas partes; deben saber
todos quién soy; pero mucha gente insiste en
no querer saberlo.

ACTRIZ: ¿Está usted en todas partes?

SEÑORA: De un modo invisible; pero **basta** un de- *suffices*
talle cualquiera, un incidente, **un pormenor** *detail*

---

* The third bell, signalling the beginning of the play.

insignificante, para que mi presencia **se revele** — *be revealed*
a todos. ¿Qué saben los pobres mortales lo que
hacen? **El más sano**, el más fuerte, el más ro- — *the healthiest*
busto, en pocas horas puede estar conmigo.
Basta a veces un vaso de agua, una **corriente** — *draft (of air)*
de aire, un **mal paso** . . . Todo en el mundo — *false step*
está lleno de mí. **Cuanto más descuidada** está — *the more careless*
una persona, yo voy **pasito a paso**, **despacito**, — *step by step, slowly,*
callando, y le toco en el hombro con mi — *quietly, and touch him on*
guadaña. ¿No lo creen? ¡Qué cara ponen ustedes — *the shoulder*
dos! ¡ja, ja, ja!

AUTOR: Sí; **gracioso**, gracioso. — *funny*

ACTRIZ: Divertido.

SEÑORA: No, no se preocupen.

ACTRIZ: Señora, **la representación** va a comenzar. — *the play*

SEÑORA: Todo el mundo es una representación. Y
yo soy en ella el principal personaje. ¡ja, ja, ja!
Me voy, me voy. Siempre a las órdenes de
ustedes.

AUTOR: No, no; nunca.

SEÑORA: Alguna vez será.

ACTRIZ: **Acabemos**. — *Let's finish.*

SEÑORA: Yo siempre estoy acabando . . . acabando
con los demás.

AUTOR: ¡Qué **pesadilla**! — *nightmare*

ACTRIZ: Es absurdo.

SEÑORA: ¿Absurdo? ¡Ja, ja, ja! Pocas veces me río;
pero ustedes me han puesto de buen humor.

ACTRIZ: **A escena**, a escena. — *On stage*

AUTOR: A principiar, a principiar.

SEÑORA: ¡Ja, ja, ja!

(Desaparece.)

ACTRIZ: ¡Qué cosa más rara!

AUTOR: ¡Extravagante!

ACTRIZ: ¡**Insensata**! — *senseless*

AUTOR: ¡Locura!

Suddenly the Señora returns. She has on the mask of a
skull. She bows and disappears again.

AUTOR: Qué es esto?
ACTRIZ: Un sueño.

(**Telón** y comienza inmediatamente el acto pri- *curtain*
   mero.)

Azorín
(España, 1873–1969)

Reading Comprehension

1. ¿Saben la actriz y el autor quién es la Señora?
2. Según la Señora, ¿representa bien los personajes la actriz?
3. ¿Qué personaje del drama dice: "Nada hay en el mundo tan verdadero
    como yo?"
4. Según la actriz, ¿cómo es la Señora?
5. ¿De qué se queja la Señora al hablar con el autor?
6. ¿Quién dice: "Todo el mundo es una representación. Y yo soy en ella el
    principal personaje?"

Oral/Written Expression

1. ¿Qué representa la Señora en el drama?
2. ¿Por qué se llama el drama "Lo invisible"?
3. ¿Le gustaría vèr este drama representado? ¿Por qué?
4. ¿Qué dramas españoles ha visto?

Rimas

XXI

¿Qué es **poesía**? dices mientras **clavas**   *poetry/you fix*
en mi **pupila** tu pupila azul;   *eye*
¿Qué es poesía? Y ¿tú me lo preguntas?
Poesía . . . eres tú.

Gustavo Adolfo Bécquer
(España, 1836–1870)

Canción

¡**Hola**! que me lleva la **ola**.
¡Hola! que me lleva la mar.
¡Hola! que llevarme dejo
sin orden y sin **consejo**,
y que **del cielo me alejo**,
donde no puedo llegar.
¡Hola! que me lleva la ola.
¡Hola! que me lleva la mar.

Heavens!/waves

counsel
going farther away from
   heaven

Lope de Vega
(España, 1562–1635)

Proverbios y cantares

I

El ojo que ves no es
ojo porque tú lo veas;
es ojo porque te ve.

IV

Nuestras horas son minutos
cuando esperamos **saber**,   *to learn*
y siglos cuando sabemos
lo que se puede aprender.

V

Entre el vivir y el soñar
hay una tercera cosa.
Adivínala.

XXI

Ayer **soñé** que veía   *I dreamed*
a Dios y que a Dios hablaba;
y soñé que Dios me oía. . . .
Después soñé que soñaba.

LXXXI

Si vivir es bueno,
es mejor soñar,
y mejor que todo,
madre, despertar.

LXXXVI

Tengo a mis amigos
en mi **soledad**;   *solitude*
cuando estoy con ellos
¡qué lejos están!

Antonio Machado
(España, 1875–1939)

OCCUPATIONAL READINGS

These readings are divided into eight fields: socioeconomics, economics, education, history, law, medicine, sociology, and psychology. All selections come from books or journals (professional or governmental) published in Spain or Latin America.

The readings have been abridged when length was prohibitive. The bilingual vocabulary lists preceding each selection have been divided into numbered groups which correspond to the like numbered paragraphs in the readings. If there are two selections on the same field, the vocabulary of the first that also appears in the second is not repeated. Each field has been independently glossed because it is assumed that students will read primarily in those fields that interest them. Spanish-English cognates should be guessed from context (also see chart at beginning of this book); it is assumed that the student is familiar with the terminology of a particular field.

Words frequently appearing throughout the eight sections should be studied now in order to facilitate reading:

a pesar de   in spite of
a través de   through
aislar   to isolate
alienar   to alienate
aumento, aumentar   increase, to augment
ciencia(s)   science(s)
cifra   figure (number)
crecer, crecimiento, creciente   to grow, growth, growing
datos   data

desarrollo, desarrollar   development, to develop
esfuerzo   effort, endeavor
esquema   outline
éxito   success
experimentar   to experience
hecho   fact
ingreso   income
medios   means, resources
nivel   level
patrón   pattern

población population	**señalar** to point out
recurso resource	**sin embargo** however
renta income	**tareas** duties, tasks
según according to	**técnica** technology

In order to develop reading skills, students should do the multiple choice questions that go with each numbered paragraph and then try to read more than one part at a time before doing the questions. The best (most complete and accurate) answer is to be chosen; care must be taken to select the answer that can be deduced from the reading and not something that may be true but is not really based on the reading.

The answers to multiple choice questions appear at the end of this book.

9 Socioeconomics

Vocabulario

I.
esquema outline
piramidal pyramid
continuo continuum
se somete a is subject to

II.
patrones patterns
grado level
de acuerdo a according to
ingreso income
detenta holds
como quien dice as one says

III.
perciben perceive
bienes de capital capital goods
asalariados wage-earner
puesto que since
empresario businessman
está condenado is condemned
competencia competition
sumarse to join
filas lines

desocupados unemployed
gama gamut
adquiere acquires
despampanantes stunning
exigua scanty
poseen possess

IV.
propietarios landowners
  (proprietors)
de suerte que in such a way that
oficio function
sofisma fallacy
ocultar to hide

V.
decidido apoyo definite help

VI.
hecho fact

VII.
compleja complex
advenimiento arrival
seno bosom

Teoría de la clase media en América Latina

Gustavo Angel O., Profesor de Teorías Sociales

FACULTAD DE SOCIOLOGÍA U. P. B.

I. Un **esquema** capitalista de clases toma una forma **piramidal.** De la clase ultra-baja hasta el otro polo, la clase ultra-alta, hay un **continuo** en medio del cual se establece un más o menos amplio sector que se ha dado a llamar "Clase Media" la que a su vez **se somete a** divisiones internas.

II. Cuando se habla de tal clase media se utilizan ciertos **patrones** para determinarla, como el de poseer determinado **grado** de cultura etc. Pero el más usual es el de catalogar a una familia en determinado lugar de la escala social **de acuerdo al ingreso que detenta. Como quien dice,** si aumentamos en la escala social, en tal caso el determinante es el ingreso y aquí termina el problema.

III. ¿Cuál es la causa real de esta diferencia? Por qué unos **perciben** tanto y otros tan poco? Por qué unos son los dueños de los medios de producción, esto es, **bienes de capital,** como la tierra y la industria y los otros son **asalariados,** en quienes los sueños de capitalizar resultan utópicos dentro de las circunstancias actuales **puesto que** nos encontramos en la etapa monopolista en la cual el pequeño **empresario** lejos de progresar, **está condenado** a desaparecer ante la **competencia** de la gran industria, para **sumarse** en las inconmensurables **filas** de asalariados o bien de **desocupados.** Dentro de esta nueva perspectiva, las clases sociales en su infinita **gama** continua (desde el que no gana nada, hasta el que **adquiere** ingresos **despampanantes**) desaparece; para ser reemplazada sólo por dos clases sociales con intereses diferentes: la de los que no **poseen** los medios de producción y la de los que poseen estos medios.

IV. En esta última clase puede aún distinguirse una subclase cada vez más exigua; la de los pequeños **propietarios** que tienden a desaparecer ante la competencia monopolista. De esta manera día a día, quedan más claramente definidas las dos grandes clases sociales, **de suerte que** la pirámide aludida al principio no tiene otro **oficio** que el de ser un **sofisma** de

Revista de Sociología, Facultad de Ciencias Sociales, Instituto de Sociología, Universidad Pontífica Boliviana, Medellín (Enero–Junio 1973).

distracción propagado por toda clase de medios de difusión para **ocultar** una realidad de clases.

V. Las clases sociales también se definen por sus intereses y vemos que los intereses de estas dos clases sociales no pueden ser más disímiles. Los asalariados por ejemplo, ante una perspectiva de socialismo en América Latina, van a tener una posición de **decidido apoyo**, puesto que no tienen nada que perder con ello, antes tienen mucho que ganar.

VI. Pero la otra clase, la de los grandes propietarios (cada vez más grandes aunque menos numerosos, ésta es la ley del monopolio) no querrá en ninguna manera la nacionalización de la industria y de la tierra y encontrarán múltiples motivos jurídicos, morales, propagandísticos, para defender su posición ideológica; puesto que es un **hecho** que de la situación de clase, nace la posición y la ideologia de clase.

VII. Hoy que en América Latina entre las múltiples perspectivas de nuestra **compleja** situación, está la del **advenimiento** del socialismo, quienes quieran estudiar objetivamente el apoyo y no apoyo que éste ha de tener en el **seno** de nuestra sociedad, debe definitivamente renunciar al esquema del ingreso per cápita como determinante de clase social, que va a obrar como distractor y por tanto va a conducir a conclusiones erradas.

Reading Comprehension

I. Un esquema de clases toma una forma piramidal
  a. en todas las sociedades
  b. en una sociedad capitalista
  c. en una sociedad comunista
  d. en América Latina
II. Se cataloga a una familia en determinado lugar de la escala social
  a. de acuerdo a su cultura
  b. de acuerdo a su nacionalidad
  c. de acuerdo a sus intereses
  d. de acuerdo a su ingreso
III. El pequeño empresario está condenado
  a. a desaparecer
  b. a competir más

    c. a una vida menos interesante

    d. a ser dueño de negocios más pequeños

IV. La pirámide aludida al principio

    a. es exacta y cierta

    b. es sólo una distracción para ocultar la realidad

    c. demuestra que hay sólo dos clases

    d. demuestra que existen los que no poseen los medios y los que poseen los medios de producción

V. Los intereses de los asalariados

    a. son servidos por el capitalismo

    b. son servidos por el monopolio

    c. son servidos por el socialismo

    d. son los mismos que los de los queños de los medios de producción

VI. De la situación de clase

    a. nace la posición y la ideología de clase

    b. nace el comunismo

    c. nace el capitalismo

    d. nace la economía

VII. En América Latina se debe

    a. aceptar el esquema capitalista de clases

    b. renunciar al esquema del ingreso per cápita como determinante de clase social

    c. tener más distracciones

    d. estudiar más el capitalismo

Vocabulario

I.

marco framework
cuyo whose
fundamento foundation
partícipes participant
rigor strictness
ramas branches
prever foresee
especie kind
a semejanza de like
Bien entendido Of course
logros attainments
ciencias del comportamiento no pueden más que behavioral sciences can't help but

II.

indicios signs
comprometidas committed
utilizadores users
ansiosos anxious
frenarse be restrained
recursos disponibles available resources
desconocer ignoring
insatisfechos dissatisfied

La colaboración entre las ciencias sociales

Jean Meynaud

I. Algunas disciplinas disponen ya de un **marco** de integración capaz de orientar las investigaciones especializadas que se han realizado en su seno. Así, para la antropología, la noción de integración cultural, **cuyo fundamento** es que los sistemas socioculturales se caracterizan por una coherencia y una unidad esenciales a su naturaleza. Encontramos también en la sociología la noción de integración social que expresa el grado de mutua interdependencia entre las unidades **partícipes** de un sistema de división del trabajo. Una corriente del análisis político utiliza la noción de cultura política, pero, en vista de la mediocridad de la conceptualización teórica en esta disciplina, este empleo se da sin mucho **rigor**. Más sólida y más eficaz es la noción de ecología en la antropología y la geografía: ecología humana (interacción de los organismos individuales con el medio) y ecología cultural (estudio de los procesos por los que una sociedad se adapta a su ambiente). La expansión de la noción de sistema en la mayor parte de las **ramas** del análisis social permite **prever** un desarrollo de esta **especie** de integración, primero, en el seno de una disciplina; inmediatamente después, entre diversas disciplinas o entre sectores de éstas. Podemos pensar también, para amplificar estos esfuerzos, en otras nociones, que, **a semejanza de** la teoría de los sistemas, se emplean hoy en varias ramas del análisis social (teoría de la información, investigaciones sobre la decisión, investigaciones semiológicas). **Bien entendido, los logros** de las **ciencias del comportamiento no pueden más que** facilitar el desarrollo de las tendencias interdisciplinarias.

II. Estas perspectivas de integración son confusas todavía. Todos los **indicios** muestran que las ciencias sociales se encuentran **comprometidas** en un proceso de transformación profunda, pero las nuevas orientaciones que de él deben resultar no aparecen todavía claramente. La colaboración interdisciplinaria, a consecuencia de su objetivo y de su consistencia propiamente teórica, interesa menos que la investigación multidisciplinaria a los **utilizadores ansiosos** de resultados prácticos. Así, pues, el movimiento puede **frenarse** por la insuficiencia de los **recursos disponibles:** en definitiva, sin **desconocer** el peso de las dificultades materiales, son el ardor y la imaginación de los hombres **insatisfechos** de la situación actual y los mejores estímulos frente a los obstáculos y a las dificultades que nos esperan.

Revista de Estudios Sociales, Centro de estudios sociales del Valle de los Caídos, Madrid (Enero–Abril 1971).

Reading Comprehension

I. Las ciencias del comportamiento
   a. no tienen posibilidades de integrarse
   b. no tienen sistema
   c. pueden facilitar las tendencias interdisciplinarias
   d. no han logrado progreso
II. La investigación multidisciplinaria interesa más
   a. a las personas ansiosas de resultados prácticos
   b. a los jóvenes que a los viejos
   c. a los profesores de ciencias
   d. a los médicos

10 Economics: Industrial Development

Vocabulario

I.
punto de partida point of departure
programación planning
abordar undertake
capítulo chapter
desarrollo development
concibe conceives
superando surpassing

II.
crecimiento growth
tasa anual media average annual rate
renta income
patrones de consumo patterns of consumption
alimentos food
desplazamiento shift

III.
vivienda housing
ha planteado exigencias has made demands
enseñanza education (teaching)
ha experimentado has experienced
escolarizada school (population)
cifra figure (number)
nivel medio escolar high school level
descenso de analfabetismo decline in illiteracy

IV.
a un ritmo at a rate
términos terms
ha de resaltarse it is to be emphasized
subdesarrollada underdeveloped
equipo equipment
inversión investment

V.
mercancías merchandise
del ferrocarril a la carretera from the railroad to the highway
destacarse be pointed out
ferroviario by rail

VI.
década decade
divisas foreign exchange
rasgo characteristic
ingresos income

VII.
bienes de equipo capital goods
materias primas raw materials
procedentes originating
abastecedores suppliers
manufacturas de consumo consumers' goods
alimentos foodstuffs

VIII.

bienestar well-being
títulos titles
medio average
mejoras improvements
disfrute de bienes de consumo
    duradero enjoyment of
    durable goods

fuerte strong
hogares homes
contarán con will possess
acero steel
tonelada ton
litros liters

La sociedad y la economía española en 1970 y 1980

I. Conocer la realidad del **punto de partida** es condición necesaria en todo **programación** económica. En este sentido **se aborda** en el presente **capítulo** una consideración sucinta de las principales características de la sociedad y de la economía española en el momento actual. Una visión nueva, más rica y compleja del **desarrollo** lo **concibe** como un proceso de cambio social, **superando** la pura y estricta concepción económica.

La población española

II. En diciembre de 1970 la población española era de casi 34 millones de personas. Su **crecimiento** real desde 1960 ha sido del orden de tres millones y medio, lo que supone una **tasa anual media** acumulativa del 1,1 por 100. El crecimiento de **renta** por habitante ha conducido a un cambio muy rápido en los **patrones de consumo** de la población. El consumo de **alimentos** ha registrado un **desplazamiento** desde productos inferiores a otros de mayor valor nutritivo. Así, el consumo de carne ha pasado de 19 kilogramos por habitante en 1960 a 44,7 en 1970.

Educación y vivienda

III. El proceso de desarrollo **ha planteado exigencias** importantes al sistema educativo. La **enseñanza ha experimentado** en los últimos años una considerable expansión. En 1970 la población **escolarizada** supera los seis millones de alumnos, **cifra** que excede en dos millones a la de 1960, lo que significa un crecimiento próximo al 50 por 100. Más importante que este

---

Plan de desarrollo económico y social: 1972–1975 (Madrid: Imprenta Nacional del Boletín Oficial del Estado, 1971).

crecimiento puramente cuantitativo es la elevación del **nivel medio escolar**, ya que ha aumentado la proporción de alumnos de enseñanza media y superior. Este proceso ha ido, lógicamente, unido al **descenso de analfabetismo.** A finales de 1969 tan sólo el 3 por 100 de las personas entre quince y sesenta años era analfabeta (diez años antes representaba el 12 por 100).

Expansión económica

IV. La economía española ha registrado en la década de los sesenta un proceso de crecimiento sin precedentes. La producción ha aumentado **a un ritmo** de crecimiento medio anual acumulativo superior al 7 por 100 en **términos** reales. De este modo, en los últimos diez años, hemos pasado de 290 a 900 dólares de renta por habitante.

Ha de resaltarse que, dentro del producto interior, se ha operado en los años sesenta un descenso de la participación del sector agrario (del 21,7 por 100 en 1960 al 14 por 100 en 1970), en tanto que se ha incrementado la participación del sector industrial y de servicios, lo que indica la transformación de una economía predominantemente agraria y **subdesarrollada** en otra más industrializada y dinámica.

El progresivo avance de la industrialización y el importante proceso de renovación del **equipo** productivo ha sido, sin duda, el elemento básico del desarrollo que se acaba de referir. La marcha de la **inversión** muestra claramente este proceso.

Transportes

V. El intenso proceso de desarrollo en la pasada década ha dado lugar a importantes aumentos en la demanda de servicios de transporte de personas y **mercancías.**

Un progresivo desplazamiento del tráfico de viajeros y mercancías **del ferrocarril a la carretera** y al avión es, sin duda, la primera característica que debe **destacarse** en la evolución del sector. El tráfico interior de viajeros representaba en 1960 la siguiente distribución: 46,8 por 100, **ferroviario**; 50,5, por carretera, y 2,7, aéreo. En 1970, la distribución ha sido: 36,1, 59,1 y 4,8 por 100, respectivamente.

Turismo

VI. La gran expansión del turismo durante la **década,** tanto por el número de visitantes como por el volumen de ingresos de **divisas,** es el **rasgo**

más notorio del sector. En 1970 vinieron más de 24 millones de turistas, frente a seis millones en 1960. Los **ingresos** proporcionados por el turismo fueron 1.681 millones de dólares en 1970, y 297 en 1960.

Sector exterior

VII. La estructura de las importaciones por categorías económicas se ha mantenido relativamente estable a lo largo de los últimos años. Más del 75 por 100 de las importaciones están compuestas por **bienes de equipo, materias primas** y semimanufacturas.

En cuanto al origen de las importaciones, aproximadamente un 35 por 100 del total proceden de los países pertenecientes a la CEE. Las importaciones procedentes de la EFTA suponen el 14,3 por 100. Las importaciones **procedentes** de Estados Unidos y Japón han experimentado aumentos notables. Todo ello indica la importancia que los países de la OCDE tienen como principales **abastecedores** de la economía española. Los países del Este y de la ALALC siguen incrementando el volumen de sus relaciones con España, aunque ambos bloques sólo representan el 10 por 100 del volumen total de importaciones.

Las exportaciones españolas, a diferencia de las importaciones, han sufrido importantes modificaciones de tipo cualitativo en su distribución por grandes categorías económicas. Así como la importación de bienes de equipo ha aumentado su participación y algo similar ha ocurrido con las **manufacturas de consumo**, que han llegado a representar el 19,6 por 100 del total de 1970, la exportación de **alimentos**, en cambio, ha decaído en su participación relativa, pasando de representar el 44,8 por 100 en 1967 al 34,9 por 100 en 1970.

Nivel de **bienestar** *en 1980*

VIII. El indicador global más sencillo del nivel de vida que habrá alcanzado la sociedad española en 1980 es la renta por habitante. La renta se situará en dicho año en 2.000 ó 2.100 dólares.

El nivel cultural se habrá elevado hasta desaparecer el analfabetismo, que en 1970 era de 5,7 por cada 100 habitantes y de 11,2 en 1960. Los puestos escolares en los diferentes grados de enseñanza superaán los 7,5 millones, frente a seis millones en 1970 y poco más de cuatro en 1960. De otra parte, el número de **títulos** de libros que se publicará en el año 1980 se calcula en 30.000.

La alimentación habrá mejorado en 1980 notablemente y los españoles tendrán un consumo **medio** de carne de 51 kilogramos por habitante (45 kilogramos en 1970). Asimismo se experimentarán **mejoras** importantes del consumo de huevos, azúcar, leche y otros alimentos.

El número de viviendas por 1.000 habitantes crecerá en la década hasta situarse en 330, frente a 270 en 1970.

Incrementos muy notables van a alcanzarse en la presente década en el **disfrute de bienes de consumo duradero**. Destaca en este sentido el **fuerte** aumento en el número de automóviles por mil habitantes, que será de 225 en 1980, casi cuatro veces mayor que en 1970 y 25 veces mayor que en 1960. Los televisores por 1.000 habitantes ascenderán a 400, frente a 70 en 1970 y sólo cinco en 1960. Además, el número de teléfonos será como mínimo de 340 por 1.000 habitantes al final de la década, más del doble que en la actualidad y más de cinco veces en relación con 1960.

Teniendo en cuenta el número de personas que integran los **hogares** españoles se puede afirmar que en 1980 todas las familias tendrán teléfono, televisor, vivienda y que ocho de cada diez familias **contarán con** automóvil.

El nivel de vida se verá reflejado asimismo por los considerables incrementos del consumo de productos industriales que experimentará España a lo largo de la década. Así el consumo de **acero** en 1980 estará próximo a media **tonelada** por habitante y año, cifra que supone el doble de la de 1970 y siete veces la de 1960. Similares incrementos **experimentará** el consumo de cemento, que ascenderá en 1980 a unos 700 kilogramos por habitante y año. La energía eléctrica consumida será de unos 4.130 kw/h. por habitante y año, casi tres veces el nivel de 1970 y siete veces el del año 1960. El consumo de gasolina-automóvil será de unos 380 litros por habitante y año, frente a 102 en 1970 y sólo 32 en 1960.

Reading Comprehension

I. La nueva visión del desarrollo económico
   a. incluye poco más que la economía
   b. no se interesa en los cambios sociales
   c. lo concibe como un proceso de cambio social
   d. es más estrecha que la antigua

II. El crecimiento de renta por habitante
   a. ha producido cambios rápidos en los patrones de consumo
   b. ha cambiado la población
   c. explica el consumo de alimentos inferiores
   d. explica un menor consumo de carne

III. El proceso de desarrollo económico
  a. ha producido más analfabetismo
  b. ha producido una población escolarizada de menor número
  c. hace atractivo el comunismo
  d. ha planteado exigencias al sistema educativo

IV. En los últimos diez años, ha pasado la renta por habitante
  a. de 290 a 900 dólares
  b. de 200 a 600 dólares
  c. de 100 a 200 dólares
  d. de 400 a 900 dólares

V. También el intenso proceso de desarrollo ha causado cambios en el transporte:
  a. Las personas y mercancías se transportan más por tren
  b. Las personas y mercancías se transportan más por avión
  c. Las personas y mercancías se transportan más por carretera y avión
  d. Hay menos necesidad de transporte que antes

VI. En 1970 fueron a España
  a. más de 24 millones de turistas
  b. menos de 24 millones de turistas
  c. turistas norteamericanos y latinoamericanos
  d. muchos franceses, ingleses y alemanes

VII. En cuanto a importaciones y exportaciones,
  a. se exportan más alimentos
  b. se importan más alimentos
  c. se exportan más manufacturas de consumo y menos alimentos
  d. se han quedado como antes

VIII. En 1980 España tendrá
  a. más televisores y más analfabetos
  b. un mejor nivel cultural así como material
  c. más viviendas pero menos población
  d. más libros pero menos escuelas

11 Education

Vocabulario

I.
suceso event
censuraban censuring
aprobaban were approving
superaban surpassed

II.
**algaradas estudiantiles y
    manifestaciones** students'
    uproars, protests
ruidosas noisy
repulsa rebuff
acuerdo unánime unanimous
    agreement
arrastre a la masa drag the masses
peligro danger
prensa press
prejuicios prejudices
ola wave
se vertían were emitted
instó urged
colegas collegiates
proviene comes from
puñado handful
gamberros troublemakers

III.
mito myth
resonancia wide importance

vigencia validity
campaña campaign
revuelta uprising
cordura good sense
estratos strata
acontecimientos events
contrarrestarse counteracted
balanza scale
todas las demás all the rest
funcionarios civil servant
ética ethics
profesorado faculty
recalcan emphasize
apoyo support
especie kind

IV.
dispuesta ready
maniqueísmo Manichaeanism
    (belief that there are two
    supreme principles—the one
    good, the other evil)
detalles details
difundida diffused
esparcidos spread
adeptos supporters
califican describe as

Universidad y política en América

José Manuel García Roca

I. El movimiento de protesta estudiantil de la Universidad de Berkeley atrajo la atención de todo el país y particularmente del Estado de California. Un 92 por 100 de las personas adultas habían oído hablar de los **sucesos**, y más de un 74 los **censuraban** abiertamente. Los que los **aprobaban** totalmente, no llegaban ni al 5 por 100. Aunque la proporción entre los jóvenes era un poco mayor, los que los desaprobaban **superaban** con mucho a los que se mostraban favorables.

Repulsa casi unánime de la opinión

II. La realidad es que no sólo el incidente de Berkeley, sino todas las **algaradas estudiantiles** y las **manifestaciones** más o menos **ruidosas** del movimiento *teach-ins* encuentra en la opinión americana una general **repulsa**. Hay **acuerdo unánime** en que no se puede permitir que una minoría **arrastre a la masa** para unos propósitos subversivos. El **peligro** de la politización de instituciones como la Universidad no se le escapa a nadie. Una lectura de la **prensa** norteamericana, incluso de aquélla que es la esclava de **prejuicios** ideológicos muy concretos, revela la profunda preocupación que provoca esta ola subversiva en los *campus*.

Refiriéndose concretamente al caso de la Universidad de su ciudad, el *Chicago Tribune* (13 de mayo de 1966) publicaba un editorial donde **se vertían** fuertes críticas contra la actitud de los estudiantes y se recordaba que la doctora Rosemarie Park, Presidente del Colegio Universitario Barnard, **instó** recientemente a sus **colegas** de la dirección del centro para que señalasen que «el ser estudiante es un privilegio y no un derecho; que la Universidad no es un organismo benéfico abierto a todos, sino sólo a aquellos que den muestra de su conciencia intelectual y acepten la disciplina intrínseca, que **proviene** del conocimiento especializado»; y, como conclusión de todo el artículo, escribía: «Es intolerable que un **puñado** de jóvenes **gamberros** pretendan hacerse cargo de la dirección de una institución como la Universidad de Chicago.»

José Manuel García Roca, *Universidad y política en América* (Madrid: Afrodisio Aguado, S.A.).

*El **mito** de la libertad de expresión*

III. Cuando se tienen en cuenta estas circunstancias, es decir, la profunda repulsa que siente la opinión pública por esta agitación, resulta difícil comprender su éxito, así como la **resonancia** que obtienen en todo el país. La razón se encuentra si se tiene en cuenta la **vigencia** de ciertos prejuicios ideológicos en amplios sectores de los Estados Unidos y particularmente en sus medios intelectuales y políticos.

No hay que olvidar que toda la **campaña** de los agitadores de Berkeley se inició por la «libertad de expresión», concepto que incluso dio el nombre a la principal organización de la **revuelta**. Ya se sabe el efecto casi supersticioso que produce la palabra «libertad» en los Estados Unidos.

Desde los primeros momentos no predominó la **cordura** ni tampoco la exactitud entre unos **estratos** sociales que precisamente se debían de caracterizar por su temperamento reflexivo. Ideas como las que a continuación expresamos, no sirvieron precisamente de norma; de haber sido así, es posible que el curso de los **acontecimientos** hubiera sido muy distinto. «En toda lucha por la libertad—afirma Alberto Lepawsky, profesor de Ciencias Políticas de la Universidad de Berkeley—debe **contrarrestarse** en la **balanza** la libertad que se busca con las libertades que se pierden, y tener en cuenta no sólo las libertades propias, sino también **todas las demás**. En cualquier caso, la misión primordial de la Universidad no reside en la actividad política, sino en el cultivo de las libertades intelectuales.»

La libertad académica no puede ser la libertad de propaganda política en una Universidad, y Arthur O. Lovejoy, precisamente uno de los fundadores de la Asociación Americana de Profesores de Universidad, definía así la primera de las dos: «La libertad académica es la libertad del profesor o del investigador para estudiar y discutir sobre los problemas de su especialidad y explicar sus conclusiones a través de publicaciones o en la enseñanza a sus alumnos, sin interferencias por parte de la autoridad política o eclesiástica, o de los **funcionarios** administrativos de la institución en que enseña o investiga, a menos que sus métodos sean considerados como incompetentes a contrarios a la **ética** profesional por organismos cualificados de su propia profesión»[1]

A pesar de que son muchos los que en el **profesorado** americano piensan de este modo y **recalcan** la responsabilidad de la libertad, su misión estrictamente académica y cómo el uso de la palabra «no inmuniza a un orador de responsabilidades ante la ley», lo cierto es que lo que pre-

---

[1] *The Berkeley Student Revolt*, pág. 432.

dominó fue precisamente lo contrario y que, al igual que en los incidentes estudiantiles, la minoría se imponía sobre la mayoría, en este caso las voces de **apoyo** para las peticiones radicales dominaron por completo el ambiente.

El monopolio progresista de la vida académica

IV. El monopolio de la opinión, no solamente americana, sino mundial, por los medios progresistas, no es un secreto para nadie. Tampoco es desconocida la existencia de una especie de internacional que ella misma se llama «conciencia universal», **dispuesta** a prestar ayuda siempre a todos aquellos que pertenecen a un determinado campo. Sobre este **maniqueísmo**, el escritor norteamericano James Burham aporta interesantísimos **detalles** en una de sus últimas obras:

«La ideología que los americanos llaman liberal no está exclusivamente **difundida** en los Estados Unidos. La realidad es que los que creen en ella se encuentran **esparcidos** por todo el mundo. Lo que pasa es que esta ideología y sus **adeptos** han adoptado diversos nombres según los países . . . En el campo político e ideológico, lo que nosotros acostumbramos a definir como «liberalismo» corresponde más o menos a lo que los franceses **califican de** «progresismo», o a lo que también se llama en Europa o en América Latina «centro izquierda» . . .²

Reading Comprehension

  I. Los sucesos de la Universidad de Berkeley
    a. provocaron simpatía
    b. fueron aceptadirs por la opinión pública
    c. fueron aprobados por la mayoría de la población
    d. fueron censurados por más de un 74% de la población

  II. Se cree que el peligro de la politización de la Universidad es éste:
    a. la violencia
    b. la destrucción de la vida académica
    c. una minoría puede arrastrar a la masa para unos propósitos subversivos
    d. los profesores pueden unirse con los alumnos

  III. La mayoría de los autoridades de la Universidad creen que
    a. la libertad política es la primera misión de la Universidad
    b. la primera misión de la Universidad es el cultivo de las libertades intelectuales

---

² James Burham, *Suicide of the West,* Jonathan Cape, 1965.

c. la propaganda política es parte de la Universidad

d. la libertad académica es permitir al profesor una vida política

IV. La ideología liberal o el «liberalismo»

a. se llama igual en todos los países

b. se llama «progresismo» en América Latina

c. se llama «derechismo» en muchos países

d. se llama de varias maneras, dependiendo del país en que se usa

---

Vocabulario

I.
A lo largo de Throughout
deber duty
encrucijada crossroads
salvo save for (except for)
malgastando wasting
esfuerzo effort
no ha logrado has not yet achieved
maridaje intimate connection
técnica technology
réditos benefits
etapa stage
aventar drive away

II.
males evils
recursos resources
ámbitos fields
tareas tasks
señalaremos we shall point out
monto de sus presupuestos total of
their budgets

III.
Facultad de Derecho Law School
zona ganadera cattle raising area
solucionar solve
vivienda housing
cifras figures
abogado-científico lawyer-scientist

índices indexes
advertir warn
abogacía legal profession

IV.
anticuada antiquated
se daña it damages
prosigue follow
ejercer cabalmente practice fully
abogadil legalish (pejorative)
engrosar el ejército join the rank of
resentidos resentful
despilfarro waste
ingresan enter
aterradoras frightening
corregirse to be corrected
privan deprive
deseosos eager

V.
carecen de lack
a la altura de los tiempos
be abreast of the times
se atiende one pays more
attention to
aprendizaje learning
código code
perjudicial damaging
tienda a tends to

VI.

burocracia hunde
  bureaucracy ruins
cambio change
los males señalados
  the indicated evils
estatales belonging to the state

medida measure
hacerse cargo take charge of
desbordante overflowing
Por suerte Luckily
cabalgar catch up with

La universidad en un mundo de tensiones

Risieri Frondizi

I. A lo largo de toda América, los universitarios—profesores, graduados y estudiantes—tienen que preguntarse cuál es su **deber** en esta **encrucijada** y no dejarse arrastrar por la rutina y la indiferencia.

Salvo momentos de excepción, la universidad latinoamericana ha servido escasamente a la sociedad que la mantiene. Se continúa **malgastando** enormes sumas de dinero y **esfuerzo.** La universidad es estéril porque **no ha logrado** aún el **maridaje** de la ciencia y la **técnica** con las necesidades del país. No sólo la institución es estéril, sino que los profesores, salvo escasas excepciones, no engendran hijos—discípulos—capaces de mantener la continuidad del saber, sino profesionales sin conciencia ni responsabilidad social, apresurados por lograr los **réditos** del esfuerzo realizado en la **etapa** estudiantil.

El rápido desarrollo científico y tecnológico permitió a muchos países **aventar** el hambre, la miseria y la enfermedad. En amplias zonas de nuestra América, en cambio, sólo sirvió para hacer más lucrativa el explotación de las clases trabajadoras y estabilizar técnicamente la injusticia social.

Los males de la universidad

II. El mayor defecto de las instituciones que se hallan en países de bajos **recursos** y que necesitan desarrollarse rápidamente en todos los **ámbitos**, es que malgastan dinero y esfuerzo en **tareas** improductivas, tanto para el saber como para la economía. A esta categoría pertenecen los dos primeros males que **señalaremos**.

Desde el siglo pasado las profesiones clásicas fueron las de *abogado*,

---

La Universidad en un mundo de tensiones: misión de las universidades en América Latina (Buenos Aires: Editorial Paidós, S.A., 1971).

médico e ingeniero. Aun en la actualidad, el número de estudiantes de las Facultades de Derecho, el **monto de sus presupuestos** y el lugar de preeminencia que tienen frente a las Facultades de Ciencias, por ejemplo, revela que se sigue viviendo en el siglo pasado.

III. De 1962 a 1965 se graduaron en la Universidad de Buenos Aires 6 licenciados en geología y 1.860 abogados. En las demás universidades argentinas la proporción fue igual o peor, pues la mayoría carece de estudios de geología y todas, salvo dos, tienen **Facultad de Derecho**. En 1965 la Universidad de La Plata tenía 19.076 estudiantes en la Facultad de Derecho y 1.462 en la de Veterinaria. Dicha universidad, como es sabido, se encuentra en la zona **ganadera** más importante de América latina. El número de alumnos puede inducir a error; los graduados fueron tan sólo 62 veterinarios, varios de ellos extranjeros.

En el mismo año se graduaron en la Universidad Central de Venezuela 3 estudiantes en Ingeniería de Petróleo y 349 en Derecho. Y sobre un total de 144 graduados en la Universidad Autónoma de Honduras, 51 fueron abogados. ¿Puede un país como Honduras **solucionar** sus dramáticos problemas sanitarios, educativos, económicos y de **vivienda** e impulsar su producción agrícola si la universidad sólo contribuye con abogados?

Las **cifras** en los demás países son similares. La relación **abogado-científico**, o abogado-ingeniero electrónico, es uno de los mejores **índices** para **advertir** el grado de desarrollo de una universidad y de un país. En la Universidad de Honduras se graduaron 51 estudiantes de **abogacía** y ninguno de ciencias físicas; el mismo año, en la Universidad de Buenos Aires, 486 en abogacía y 166 en ciencias físicas; en Estados Unidos, 14.251 en Derecho, 25.222 en ciencias físicas y 25.554 en ciencias matemáticas.[1]

En nuestro país la *ratio* abogado-físico revela las diferencias de grado de desarrollo de las diversas universidades y en la misma institución muestra los esfuerzos para superar la estructura universitaria colonial, como ocurrió en la Universidad de Buenos Aires a partir de 1958.

IV. Mantener una estructura **anticuada** significa malgastar dinero en formar profesionales que la comunidad no necesita y en dejar de formar los que necesita. El mal es más grave aún pues **se daña** no sólo a la comunidad,

---

[1] Las cifras se tomaron del *Censo Universitario Latinoamericano* (Unión de Universidades de América Latina, México D.F., 1967), págs. 32 y 427. Las de Estados Unidos, de la obra *Earned Degrees Conferred, 1965-66* (Washington, D.C., 1968) publicada por el Department of Health, Education and Welfare. Cf. pág. 8.

sino también a cada estudiante que **prosigue** una carrera estéril. Después de muchos sacrificios, el graduado adquirirá una profesión que no podrá **ejercer cabalmente** por haberse creado un proletariado **abogadil**, como ocurre actualmente en Buenos Aires y otras grandes ciudades de nuestra América. En algunos casos la frustración se produce durante la carrera y muchos estudiantes abandonan la universidad, yendo a **engrosar el ejército de resentidos sociales**.

El segundo mal de la universidad latinoamericana significa igualmente **despilfarro** de los recursos. Se refiere al escaso número de graduados en relación a los estudiantes que **ingresan** y al dinero que se invierte. Las cifras son realmente **aterradoras**.

En América Latina se gradúan del 5 al 15% de los estudiantes que ingresan; el resto queda en el camino para engrosar un ejército de fracasados. En la mayoría de los casos no son ellos los culpables de lo que ocurre. Estructuras socioeconómicas injustas, falta de atención de la universidad, mala formación de la enseñanza media y otros errores que pueden y deben **corregirse privan** al país de los profesionales que necesita y crean frustraciones a miles de jóvenes **deseosos** de adquirir una educación superior.

La deserción universitaria es muy grave pues quien llega a la universidad es ya un privilegiado. La mayor mortalidad se produce en la enseñanza primaria y secundaria. Y dentro de la primaria, en primer grado.

V. Nuestras universidades no forman, como vimos, los profesionales que la comunidad necesita. La mayoría de los que logran graduarse **carecen de** un nivel profesional **a la altura de los tiempos**.

Las razones del bajo nivel profesional se deben buscar en los métodos de enseñanza. **Se atiende** más a la información que a la formación de la capacidad para enfrentar situaciones nuevas. La creación de capacidad, espíritu crítico, imaginación creadora no parecen ser los objetivos de nuestras universidades. La capacidad se crea por el ejercicio. La tradicional enseñanza de la anatomía descriptiva, el **aprendizaje** de los artículos del **código** civil, comercial o penal, la memorización de los acuerdos internacionales, la repetición de demostraciones dadas por el profesor, son símbolos de una enseñanza tan anticuada como **perjudicial**. A la reforma que **tienda a** incrementar el número de profesionales debe acompañar otra que asegure la competencia de esos graduados para las tareas que deberán desempeñar en la comunidad.

VI. La **burocracia hunde** a las universidades. Y también a nuestros países. Cualquier **cambio** radical debe ir acompañado de medidas drásticas en el orden administrativo: reducir su costo, simplificar y centralizar su funcionamiento y darle mayor agilidad y eficiencia.

Los males señalados no son patrimonio de las universidades **estatales.** Las privadas los padecen en igual o mayor **medida,** a pesar de que no deben **hacerse cargo** del incremento **desbordante** de población estudiantil y de otros inconvenientes propios de los organismos del Estado.

Por suerte, no todas las universidades latinoamericanas se encuentran en este deplorable estado. Nuestras universidades corresponden a distintas etapas de desarrollo—¿o subdesarrollo?—; a épocas históricas distintas. Viven a un mismo tiempo, pero no son contemporáneas entre sí. Hay universidades que pertenecen a siglos pasados; otras se esfuerzan por **cabalgar** este siglo de rápida marcha.

Reading Comprehension

I. El desarrollo científico tecnológico en Latinoamérica
   a. ha eliminado muchos problemas
   b. ha logrado el maridaje de la ciencia y la técnica
   c. ha aumentado la injusticia social por hacer más lucrativa la explotación de las clases trabajadoras
   d. ha eliminado la enfermedad y la pobreza

II. El mayor defecto de la Universidad en Latinoamérica es que
   a. malgasta dinero y esfuerzo en tareas improductivas
   b. no hay dinero para hacerlo todo
   c. no se estudian las lenguas extranjeras
   d. hay demasiados científicos

III. Cada año se gradúan
   a. demasiados científicos
   b. demasiados médicos
   c. demasiados abogados
   d. demasiados técnicos

IV. El segundo mal de la Universidad es
   a. no tener dinero
   b. no tener buenos profesores
   c. no tener buenos alumnos
   d. que sólo se gradúan 5 a 15% de los alumnos que entran en la Universidad

V. La enseñanza en la Universidad
   a. es anticuada y no prepara bien a los profesionales

    b. es tradicional pero adecuada

    c. es estricta y excelente

    d. es demasiado difícil

VI. Por suerte, algunas universidades

    a. son progresistas y sirven mejor las necesidades de la situación actual

    b. son privadas

    c. tienen más dinero y recursos

    d. no sufren de la burocracia que hunde al país

12 History

Vocabulario

I.
autoritarismo authoritariasm
gubernamental governmental

II.
se halla is found
ausencia absence
partidos parties
luchas struggles
apoyadas supported
raíces roots
profundizó went deeply into
propiedad property
historiadores historians
especie species

III.
conscientes conscious
batalla battle
proletariado tome el poder
    proletariat seizes power
reivindicaciones que tocan
    vindications that involve
surjan emerge

IV.
valor (commercial) value
intercambio exchange

trueque barter
cada vez más more and more

V.
cesa la reconstitución
    replenishment ceases
la fuerza de trabajo work force
señalados pointed out
seno bosom
vías ways
gastada used up

VI.
tareas duties
hogar home
riqueza wealth
mercancías goods
albores beginning
poseedor possessor
medios resources
herramienta tool
venta sale
propietario owner

VII.
alimentos food
sometidos subject to
desgaste wear

115

consumo consumption
bienes materiales capital goods
tiene lugar takes place
empresa enterprise
en conjunto as a whole
tratado treatise
cotidianamente daily
clase obrera working class

asalariados wage earner
capas layers
plusvalía added value

VIII.
hecho fact
oculta tras la fachada
    hidden behind the façade

Contra el trabajo invisible

Isabel Larguía

I. El **autoritarismo** masculino frente a las mujeres es eco del autoritarismo social y **gubernamental** frente a los trabajadores. La explotación de las mujeres permite evitar su revolución potencial dentro del sistema mismo. Esta situación tradicional comienza a entrar en clara contradicción con la evolución de la situación de las mujeres en ciertas regiones del mundo.

II. Una de las causas más evidentes de este fenómeno **se halla** en la **ausencia** de una teoría científica adecuada a la actual evolución de las mujeres.

Si bien los **partidos** marxistas han hecho mucho contra la discriminación sexual, estas **luchas** no han sido **apoyadas** por una argumentación consecuente que revele las **raíces** de la opresión.

Engels **profundizó** el análisis de la situación de las mujeres relacionándola con la de las clases, como lo indica el título de su libro *El origen de la familia, la* **propiedad** *privada y el Estado*. Esencialmente estudió el problema desde sus orígenes en la prehistoria. Señaló la influencia de la propiedad en su aspecto jurídico (tema preferido de los etnólogos y los **historiadores** de su época) pero se interesó mucho menos por el desarrollo de la división del trabajo por sexos y su relación con la propiedad en la sociedad de clases. No estableció una diferencia bastante completa entre las relaciones de producción dentro de la familia y las relaciones sexuales biológicas de reproducción de la **especie**. No llegó a analizar a las mujeres en el hogar como un grupo de clase.

III. La tesis que defendemos es que la situación de la mujer en la

---

La liberación de la mujer (Buenos Aires: Granica Editor, 1972).

historia no depende de factores biológicos ni psicológicos, sino que obedece a la estructura de la sociedad de clases, de la que ella es parte esencial, y fundamentalmente a la división del trabajo. Desarrollaremos nuestra tesis a partir de una interpretación marxista, y con la convicción de que la liberación de las mujeres sólo será posible gracias a la revolución socialista. Pero somos **conscientes** de que la **batalla** de las mujeres no será ganada mágicamente cuando el **proletariado tome el poder**.

La sociedad de transición es una época de grandes **reivindicaciones que tocan** igualmente a las mujeres. Pero la ausencia de una teoria específica y actual del problema femenino hace que en los países en revolución **surjan** de nuevo las viejas tendencias biologistas que siempre han servido para justificar la explotación de las mujeres.

IV. La posición preeminente de la mujer dentro de esta sociedad estaba determinada por el **valor** del trabajo productivo que realizaba. En la comunidad doméstica, la preparación de las comidas, el cuidado de los niños y las tareas domésticas se realizaban colectivamente. Cuando la comunidad se disuelve, se va confinando progresivamente a la mujer en la elaboración de *valores de uso para el consumo inmediato,* mientras se la separa del trabajo *visiblemente productivo*. Esta división surge, igual que la de las clases, como producto de la creciente articulación entre las relaciones de **intercambio** y la propiedad privada, en las cuales el *trabajo para el* **trueque**, como algo bien diferenciado, toma **cada vez más** importancia.

V. Comprendemos que cuando la comunidad se desintegra y **cesa la reconstitución** colectiva de **la fuerza de trabajo**, se produce una *vasta división del trabajo social* que no ha sido suficientemente considerada y sobre la cual se fundará la sociedad de clases. Al afirmar esto queremos diferenciar claramente los dos aspectos **señalados** por Suret-Canale: la reproducción estrictamente biológica y la actividad económica específica que ha comenzado a producirse en el **seno** de la familia en **vías** de transición al matrimonio monogámico.

Vamos a proceder a realizar una fragmentación esquemática de la actividad en el seno de la familia desde la desintegración de la comunidad primitiva hasta nuestros días:

—reproducción estrictamente biológica,
—educación y cuidado de los niños,
—reconstitución de la fuerza de trabajo **gastada** cada día.

Trabajo visible y trabajo invisible

VI. Separada progresivamente del mundo de la sobreproducción en el largo proceso de consolidación de la familia monogámica, la mujer, por las características de las **tareas** que realiza en el seno del **hogar** se convierte en el cimiento económico de la sociedad de clases. El trabajo del hombre cristalizó, a través de los diferentes modos de producción en *objetos económicamente visibles destinados a crear* **riqueza**, ya fuera por su acumulación, ya fuera por el intercambio. El hombre se define esencialmente como *productor de* **mercancías** en los **albores** del capitalismo, tanto como **poseedor** de la propiedad privada de los **medios** de producción, cuanto como **herramienta** de esos medios a través de la **venta de** su fuerza de trabajo, de la que es **propietario**.

VII. En su *Manual de Marxismo-leninismo,* Otto Kuusiner dice: "Para reemplazar los medios de producción y la vida (máquinas, **alimentos,** vestidos) **sometidos** a un continuo **desgaste y consumo**, los hombres deben producir nuevamente **bienes materiales**. Este proceso de renovación constante de la producción se llama reproducción, la cual **tiene lugar** tanto dentro de cada **empresa** como en la sociedad **en conjunto**." Pero lo que los manuales omiten sistemáticamente (incluso Mandel en su **Tratado** *de Economía Marxista*), es decir que esta reproducción económica se realiza en dos niveles, que corresponden a la división del trabajo que ya hemos señalado. Si el hombre reproduce su fuerza de trabajo por medío de la creación de mercancías para el intercambio, y de ahí, para su consumo inmediato, la mujer en el hogar reconstituye **cotidianamente** *una gran parte de la fuerza de trabajo de toda la clase* **obrera**, de los **asalariados** *y de los pequeños propietarios*. La importancia de la actividad económica realizada por las **capas** más grandes de población femenina bajo esta forma específica de reconstitución de la fuerza de trabajo, es inmensa. Señalemos que si el proletariado no descansara sobre esta vasta base femenina que se ocupa de la elaboración de los alimentos, de la ropa . . . en un mundo donde no existen los servicios indispensables para una reconstitución colectiva de la fuerza de trabajo, las horas de **plusvalía** que les arrancan las clases dominantes serían muchas menos. Hasta puede decirse que el trabajo femenino en el hogar se expresa por medio de la fuerza de trabajo masculina en la creación de la plusvalía.

VIII. El **hecho** de que el trabajo femenino dentro del hogar no produjera directamente un sobreproducto y mercancías, la *separó de la esfera* *del intercambio,* donde todos los valores giran alrededor de la acumulación de las riquezas. La laboriosa actividad de vastos sectores de población femenina quedó así **oculta tras la fachada** de la familia monogámica y, como nunca se transformó en mercancías que entraron al mundo del intercambio, siguió siendo *invisible* hasta nuestros días.

El trabajo de las mujeres parecía evaporarse mágicamente desde el momento en que no daba productos visibles económicamente, como los del hombre. Por eso ese tipo de trabajo, aun cuando implica el gasto de numerosas horas de labor, nunca ha sido considerado *como valor.*

Reading Comprehension

I. El autoritarismo masculino es
   a. la explotación de las mujeres
   b. un eco del autoritarismo social y gubernamental frente a los trabajadores
   c. un sistema social
   d. una evolución de la situación de las mujeres

II. Este autoritarismo se debe a
   a. fenómenos naturales
   b. discriminación sexual
   c. la ausencia de una teoría científica adecuada
   d. los historiadores de su época

III. La autora cree que la situación de la mujer en la historia obedece a
   a. factores biológicos
   b. la estructura de la sociedad de clases
   c. la interpretación marxista
   d. factores psicológicos

IV. A la mujer se la separa del trabajo *visiblemente productivo* porque
   a. las tareas domésticas se realizaban colectivamente
   b. las relaciones de intercambio y la propiedad privada toman cada vez más importancia
   c. hay muchos hombres
   d. hay pocas mujeres trabajadoras

V. Una vasta división del trabajo social se produce cuando
   a. la comunidad se desintegra y cesa la reconstitución colectiva de la fuerza de trabajo
   b. hay mucho desempleo

   c. se funda la sociedad de clases

   d. cambia la situación económica

VI. El trabajo de la mujer es *trabajo invisible* porque

   a. ha sido intelectual

   b. el hombre es productor de mercancías

   c. lo realiza en el seno del hogar

   d. no se le paga

VII. Las horas de plusvalía que el proletariado produce a las clases dominantes serían muchas menos si

   a. los hombres descansaran

   b. no existen los servicios indispensables para una reconstitución de la fuerza de trabajo

   c. la mujer no trabajara

   d. Marx no hubiera escrito *El Capital*

VIII. El trabajo de las mujeres nunca ha sido considerado como *valor* porque

   a. no acumula riqueza

   b. se evaparaba mágicamente

   c. la familia monogámica se desintegró

   d. nunca se transformó en mercancías para el intercambio

Vocabulario

I.

tormenta storm
A principios de At the beginning
comprobó confirmed
alta loud
la desnutrición undernourishment
escasez de alimentos
   scarcity of food
amenaza threat
Por vergonzoso que sea
   No matter how shameful it may be
dos tercios two thirds
poder power
había encabezado had headed
Ginebra Geneva
había votado had voted
principios principles
aprobados approved
matanzas killing

estallan explode
dientes apretados clenched teeth
crónica roja sensationalist press
desencadenar unleash
incapaz incapable
cortar a los comensales
   cut the hungry mouths
"combata la pobreza, ¡mate a un
   mendigo!" "fight poverty,
   kill a beggar!"
garabateó scribbled
muro wall

II.
natalidad birth
difundir spread
pesadillas nightmares
avanzan go forward

langostas lobsters
desigual unequal
dique barrier

III.
úteros uteruses
millares thousands
pese a que in spite of the fact that
no sobra gente there is no over
  population
kilómetro cuadrado square kilometer

hormigueros humanos swarms
  of people
encienden provoke
Al fin y al cabo In the end
castigada punished
arrastrar to drag down
infiernos inferno
praderas meadows
dar de comer feed
suelo native land
salvo except
astros stars

En el centro de la tormenta

Eduardo Galeano

I. A principios de noviembre de 1968, Richard Nixon **comprobó** en voz **alta** que la Alianza para el Progreso había cumplido siete años de vida y, sin embargo, se habían agravado la **desnutrición** y la **escasez de alimentos** en América Latina. Pocos meses antes, en abril, George W. Ball escribía en *Life*: "Por lo menos durante las próximas **décadas**, el descontento de las naciones más pobres no significará una **amenaza** de destrucción del mundo. **Por vergonzoso que sea**, el mundo ha vivido, durante generaciones, **dos tercios** pobre y un tercio rico. Por injusto que sea, es limitado el **poder** de los países pobres". Ball **había encabezado** la delegación de los Estados Unidos a la Primera Conferencia de Comerico y Desarrollo en **Ginebra,** y **había votado** contra nueve de los doce **principios** generales **aprobados** por la conferencia con el fin de aliviar las desventajas de los países subdesarrollados en el comercio internacional. Son secretas las **matanzas** de la miseria en América Latina; cada año **estallan**, silenciosamente, tres bombas de Hiroshima sobre estos pueblos que tienen la costumbre de sufrir con los **dientes apretados**. Esta violencia sistemática, no aparente pero real, va en aumento: sus crímenes no se difunden en la **crónica roja**, sino en las estadísticas de la FAO. Ball dice que la impunidad es todavía posible, porque los pobres no pueden **desencadenar** la guerra mundial, pero el Imperio se preocupa: **incapaz** de multiplicar los panes, hace lo posible por **suprimir a los comensales. "Combata la pobreza, ¡mate a un mendigo!",** ga-**rabateó** un maestro del humor negro sobre un muro de la ciudad de La Paz.

Las venas abiertas de América Latina (Madrid: Siglo XXI Editores, S.A., 1973).

II. Los Estados Unidos no sufren, el problema de la explosión de la **natalidad**, pero se preocupan como nadie por **difundir** e imponer, en los cuatro puntos cardinales, la planificación familiar. No sólo el gobierno; también Rockefeller y la Fundación Ford padecen **pesadillas** con millones de niños que **avanzan**, como **langostas**, desde los horizontes del Tercer Mundo. Platón y Aristóteles se habían ocupado del tema antes que Mathus y McNamara; sin embargo, en nuestros tiempos, toda esta ofensiva universal cumple una función bien definida: se propone justificar la muy **desigual** distribución de la renta entre los países y entre las clases sociales, convencer a los pobres de que la pobreza es el resultado de los hijos que no se evitan poner un **dique** al avance de la furia de las masas en movimiento y rebelión.

III. *En América Latina resulta más higiénico y eficaz matar a los guerrilleros en los* **úteros** *que en las sierras o en las calles.* Diversas misiones norteamericanas han esterilizado a **millares** de mujeres en la Amazonia, **pese a que** ésta es la zona habitable más desierta del planeta. En la mayor parte de los países latinoamericanos **no sobra gente**: por el contrario, falta. Brasil tiene 38 veces menos habitantes por **kilómetro cuadrado** que Bélgica; Paraguay, 49 veces menos que Inglaterra; Perú, 32 veces menos que Japón. Haití y El Salvador, **hormigueros humanos** de América Latina, tienen una densidad de población menor que la de Italia. Los pretextos invocados ofenden la inteligencia; las intenciones reales **encienden** la indignación. **Al fin y al cabo**, no menos de la mitad de los territorios de Bolivia, Brasil, Chile, Ecuador, Paraguay y Venezuela está habitada por nadie. Ninguna población latinoamericana crece menos que la del Uruguay, país de viejos, y sin embargo ninguna otra nación ha sido tan **castigada**, en los años recientes, por una crisis que parece *arrastrarla* al último círculo de los **infiernos**. Uruguay está **vacío** y sus **praderas** fértiles podrían **dar de comer** a una población infinitamente mayor que la que hoy padece, sobre su **suelo**, tantas penurias.

¿Tenemos todo prohibido, **salvo** cruzarnos de brazos? La pobreza no está escrita en los **astros**; el subdesarrollo no es el fruto de un oscuro designio de Dios. Corren años de revolución, tiempos de redención.

Reading Comprehension

I. Lo más trágico es que
    a. dos tercios del mundo son pobres
    b. dos tercios del mundo son pobres pero el poder queda con el tercio rico

  c. la violencia gana

  d. los pobres no se interesan en cambiar su situación

II. Los ricos tratan de convencer a los pobres

  a. de la necesidad de dinero

  b. que la pobreza es resultado de tener demasiados hijos

  c. que los Estados Unidos puede ayudarlos

  d. que tienen que esperar para ganar más dinero

III. Parece que el autor cree

  a. en la revolución de los pobres

  b. en los ricos

  c. en el progreso que pueden ofrecer los ricos

  d. que Latinoamérica necesita limitar su población

13 Law

Vocabulario

I.
tribunales   court
se contraponen   are in conflict
materia de derecho común
   Common Law
calidad   capacity
ejercen la potestad
   exercise the authority
atenta   commits an outrage
cambios   changes

II.
entendían con menores
   dealt with minors
conlleva   implies
enjuiciamiento   prosecution
castigo   punishment
postulados   regulations
denominándose   being called
Tutelar   guardianship
blanco de ataque   target
meta   goal
tratamiento   process

III.
calificativo   qualifier (epithet)
ser humano   human being
herramientas   tools
raíces   roots
se creó   it was created
creciente   growing

IV.
se puso en marcha   was began
debida   proper
Lcda   title for master's degree in law
abarcador   thorough
ventajas   advantages
Bienestar Social   Social Welfare
siguientes principios   following
   principles
medio ambiente   environment
En base a   Based on

V.
se fundan   are based
guarda   custody
delito   crime
pupilo   ward
sujeto a   subject to
puntos de vista   point of view
lagunas   gaps
malentendido   misunderstood
punto   key point
se ha partido   has begun

VI.
medidas   measures
ingreso   entrance
juez   judge
campo   field
proveer   provide
valor   meaning

124

mezcla   mixture
no ha experimentado   has not
  experienced
remoción   removal
delictiva   criminal

VII.
bregar   deal
albergar   to house
hospicio   orphan asylum

VIII.
pautas   guidelines
Inglaterra   England
tomó gran auge   took on great
  impetus

«**rescatar**»   «rescue»
condados   boroughs
asilos   homes
alivio   relief
consiguieron crear   succeeded
  in creating
cuidado de huérfanos
  care of orphans
estatal   state
Casas de Refugio   Shelters
mencionadas   forementioned
imperante   prevailing
a toda costa   at any cost
casetas   cottages
cabañas   cabins
hace las veces   plays the role
De ahí   From then on

Los tribunales juveniles

Awilda Paláu de López

Su desarrollo:

I. Los **tribunales** de justicia fueron establecidos para administrar justicia en nombre del Estado, entre dos o más individuos o grupos de individuos cuyos intereses **se contraponen** en un momento determinado. En materia de **derecho común**, y en casos de naturaleza criminal, los tribunales de justicia, en su **calidad** de delegados del Estado, **ejercen la potestad** de administrar justicia al ofensor que **atenta** al orden y a las buenas costumbres de la comunidad.

Puede decirse que la Ley es conservadora y esencialmente resiste los **cambios** pero, como también es una expresión viva del orden social, no puede ser estática.

Esbozo de las historia legal de las instituciones y tribunales menores de Puerto Rico (Puerto Rico: Editorial Universitaria, 1970).

II. En Puerto Rico, antes de 1955, los tribunales que **entendían con menores** eran denominados Cortes Juveniles nombre que **conlleva** los conceptos de **enjuiciamiento, castigo**, etc. Hoy día los **postulados** que se configuran en los Congresos Internacionales cambian la idea de corrección a una de protección, **denominándose** las cortes, desde entonces, Tribunal Superior, Asuntos de Menores (muchas personas lo llaman Tribunal **Tutelar** de Menores).

En el aspecto criminal de la Ley, la máxima «making the punishment fit the crime», fue **el blanco de ataque** de las influencias traídas como consecuencia de una nueva disciplina: las ciencias sociales. La idea de rehabilitación, como la **meta** moderna del tratamiento penal, vino a ocupar un lugar prominente en la filosofía científico-social, de manera que el concepto de «making the punishment fit the offender», comenzó a reemplazar la vieja premisa. (Debe aclararse, no obstante, que ya para 1526, Juan Luis Vives, uno de los precursores de la sociología, había hecho énfasis en esto.)

III. Dos conceptos fundamentales son inherentes a esta idea moderna. El primero, es la convicción de que un transgresor abstractamente, no existe; ni tampoco una persona a quien pueda asignársele un **calificativo** determinado de ofensas. El que comete una falta es un **ser humano**; la infracción cometida difiere de otras que le son similares por las circunstancias especiales que produjeron aquélla. El segundo concepto básico implica que para poder implantar la idea de «justicia individual» se necesitan **herramientas** sociológicas y psicológicas. Esto consiste en buscar en los factores sociales, económicos, culturales y emocionales que hayan dado forma a la vida del individuo transgresor, las **raíces** para la falta cometida. De esta manera, pues, se han introducido en el proceso criminal una serie de datos que, desde el punto de vista estrictamente legal, no tienen nada que ver con el sujeto «individuo» como ofensor, sino con las circunstancias que concurrieron para ponerlo en conflicto con la Ley.

Como resultado de los estudios realizados en 1899, a petición hecha al Colegio de Abogados de Chicago por damas pertenecientes a la «Catholic Visitation and Aid Society» y al «Chicago Woman's Club», **se creó** en Chicago, por Ley, el primer Tribunal de Menores en el mundo, que aunque fue muy combatido, se ha extendido por todo el mundo de modo **creciente** y progresivo.

Doctrinas internacionales sobre delincuencia:

IV. El concepto de delincuencia juvenil ha ido evolucionando. Con el Seminario Internacional de Ginebra de 1948 (Declaración de los Derechos del Niño), **se puso en marcha** un movimiento internacional para conseguir una **debida** protección de los derechos de los menores. Resultado de este movimiento fueron, entre otros, los Seminarios Internacionales de París (1949), Beirut (1949), Río de Janeiro (1953), El Cairo (Cercano Oriente, 1953), el Sexto Congreso Internacional de Derecho Penal en Roma (1953), Viena (1954), Bruselas-Bélgica (1954) y Nueva York (1957). Estos Seminarios pusieron énfasis en el problema de la definición del concepto de delincuencia.

La **Lcda** Gladys Lasa Díaz, Juez Superior del Tribunal Tutelar de Menores en Puerto Rico, en un estudio **abarcador** de los problemas y **ventajas** que presenta la Ley núm. 97 de Puerto Rico del 23 junio de 1955 en relación a menores, señala que:

En el Seminario Europeo sobre **Bienestar Social** (París, 1949) los debates se basaron en los **siguientes principios:**

1. La delincuencia de menores no debe considerarse como un hecho por sí mismo, sino como la culminación de una serie de influencias físicas, mentales, sicológicas, sociales, económicas, e incluso políticas, que exigen una acción general y coordinada.
2. La delincuencia de menores puede explicarse por la inadaptación del niño a su **medio ambiente**, que muy a menudo no es apropiado a sus necesidades especiales.[1]

En base a estos principios llegaron a la conclusión de que en el concepto que pudiera darse de «menor delincuente» había que incluir otros factores no jurídicos, que eran los que le daban forma. La definición escapaba, pues, a una puramente jurídica.

Los Tribunales en los Estados Unidos:

V. Los principios filosóficos en que **se fundan** los Tribunales de Menores fueron expuestos desde sus comienzos en la declaración de la Comisión del Colegio de Abogados de Chicago, cuando solicitó la creación de un Tribunal de Menores en esa ciudad:

La Ley sobre Tribunales de Menores se ha inspirado en el concepto fundamental de que el Estado debe asumir **la guarda** de todo menor que se encuentre en condiciones sociales o individuales tan adversas que pueden

---

[1] LASA DÍAZ, GLADYS, «Principios Fundamentales que Rigen la Moderna Legislación de Menores Adoptados por la Ley 97 aprobada el 23 de junio de 1955.» *Revista Jurídica de la Universidad de Puerto Rico.* Pág. 639, Vol. XXXII, Núm. 4, 1963. (Debe aclararse que en algunos países asiáticos y africanos no existen sistemas especiales para menores y en algunos países occidentales, el sistema difiere fundamentalmente del norteamericano.)

conducirlo a la comisión de un **delito** . . . Se propone un plan con arreglo al cual el menor no será tratado como delincuente ni será acusado legalmente de cometer un delito sino que será considerado como pupilo del Estado **sujeto a** su atención, vigilancia y disciplina, al igual que los menores abandonados o desvalidos, y en cuanto sea posible recibirá el mismo tratamiento que debían dispensarle sus padres.

A pesar de que las Cortes Juveniles han evolucionado para tomar en cuenta **puntos de vista** de carácter sociológico y psicológico tendientes a la rehabilitación del menor, todavía confrontan enormes **lagunas** en cuanto a la interpretación a la luz del ofensor juvenil como individuo. El **mal entendido** concepto de que el delincuente juvenil no comete «crímenes» ha sido **punto** desde donde **se ha partido** para, en muchos casos, negarle el privilegio constitucional de que goza el ofensor adulto a los delincuentes juveniles.

LOS SERVICIOS INSTITUCIONALES

VI. Una de las **medidas** que se adoptan para el tratamiento de los delincuentes es el **ingreso** de éstos a instituciones del Estado. Esta decisión se toma con un mínimo de casos y sólo cuando el **juez** considera que ya no puede hacerse más por el joven en la comunidad.

Muchas personas que trabajan en el **campo** de la delincuencia juvenil, creen que la «institución» debiera **proveer** tratamiento reeducativo unido a un desarrollo sano y feliz de la personalidad del menor para una mejor rehabilitación. Teóricamente se espera que las «instituciones públicas» controlen al menor por el período de reclusión que se le ordena tenerlo alejado de la sociedad, para que en el día de mañana se convierta en un miembro constructivo de una sociedad mejor. Se supone que **el valor** que tiene la institución para los menores allí enviados, es una **mezcla** de control, protección y tratamiento que él **no ha experimentado** en la comunidad. La **remoción** del menor del ambiente en que se manifiesta su conducta **delictiva** es su objetivo fundamental, y una vez dentro, proporcionarle la protección y los controles que el menor quizá nunca ha recibido.

VII. En Francia, en el siglo XII, existía una Sociedad de Ayuda a la Niñez, fundada en Montpellier, para la protección, cuidado y educación de niños abandonados. En Inglaterra, ya en 1601, se habían aprobado las Leyes de Pobres y se tenían técnicas para **bregar** con niños poco afortunados. También en Inglaterra, en los siglos XVI y XVII, se habían tratado de separar los menores de los adultos en los departamentos juveniles de los «work-houses». En Holanda existían instituciones en el siglo XVII para **albergar** a jóvenes abandonados y delincuentes. Sin embargo, la primera institución que se conoce fue creada especialmente para la corrección de menores delincuentes, fue el Hospital de San Miguel, creada en 1703 por el papa Clemente XI, en Roma. En su «Motu Propio» del 14 de noviembre de 1703, Clemente XI establece la necesidad de una institución para dos tipos de delincuentes juveniles: niños menores de veinte años que habían sido sentenciados en Corte por crímenes, y niños «incorregibles» que no podían ser controlados por sus padres.

Tomando como ejemplo al **Hospicio** de San Miguel, los promotores del movimiento para ayudar a niños infortunados en Inglaterra fueron los miembros de la Sociedad Filantrópica de Londres, creada en 1788. La idea de rehabilitación se basaba en hacer vida familiar ayudada por el trabajo de la tierra.

VIII. Las **pautas** en Estados Unidos de América en este respecto emanan del viejo Continente, especialmente de **Inglaterra**, en donde **tomó gran auge** el movimiento para «**rescatar**» a los niños. Parece ser que durante el período colonial americano no hubo disposiciones relativas a los menores delincuentes a excepción de encarcelación en las prisiones de los **condados**. Los menores abandonados y dependientes eran enviados a **asilos**, siguiendo las tendencias de las Leyes de Pobres de Inglaterra. En 1787 se crea en Filadelfia la Sociedad para el **Alivio** de las Miserias en las Prisiones Públicas y en 1818 la Sociedad para la Prevención del Pauperismo en Nueva York, que en 1823 cambió de nombre, conociéndose como la Sociedad para la Corrección de Delincuentes Juveniles. Estas Sociedades **consiguieron crear** las primeras instituciones para niños delincuentes, las llamadas Casas de Refugio. La de Nueva York en 1825, fue la primera; la segunda en Boston en 1826, y la tercera en Filadelfia en 1828. En 1835 se creó en Boston un Asilo para el **cuidado de huérfanos** indigentes. Estas fueron las únicas instituciones para jóvenes delincuentes hasta que, en 1847, se creó el primer reformatorio **estatal**, en Massachusetts, el cual en 1884 se convirtió en la Escuela Lyman para Niños de Massachusetts. Estas **Casas de Refugio**, al igual que las Escuelas **mencionadas**, eran más bien prisiones que otra cosa, dada la filosofía **imperante** en el momento de que había que reformar **a toda costa** a los jóvenes que venían en conflicto con la Ley.

Por otro lado, siguiendo otras tendencias, llega a los Estados Unidos el sistema de **casetas** y de instituciones de tipo familiar donde hay pocos jóvenes en **cabañas** con un matrimonio que **hace las veces** de padre y madre.

Las primeras en usar ese sistema en los Estados Unidos fueron la de niñas de Lancaster, Massachusetts, en 1854 y la de niños del mismo lugar en 1858. **De ahí** siguieron extendiéndose hasta nuestros días.

Reading Comprehension

I. Los tribunales de justicia administran justicia
   a. en nombre del Estado
   b. en nombre de los individuos
   c. para la gente que pueda pagarles
   d. en nombre del Presidente

II. La idea de rehabilitación
   a. se debe a la influencia de la Ley Criminal
   b. se debe a la idea tradicional de justicia
   c. a la influencia de las ciencias sociales
   d. al cambio en las Cortes Juveniles

III. Dos conceptos son inherentes a la idea moderna de justicia:
   a. Un transgresor abstracto no existe sino un ser humano y la "justicia individual" debe utilizar la sociología y psicología
   b. La filosofía de "making the punishment fit the crime" y "making the punishment fit the offender"
   c. Sólo las circunstancias importan y la naturaleza del crimen
   d. Dos tribunales se necesitan: uno para mayores y otro para menores

IV. La definición de la delicuencia juvenil
   a. debe ser jurídica
   b. incluye muchos factores que no son jurídicos
   c. es simple y clara
   d. no ha cambiado desde su principio

V. Todavía quedan problemas en el tratamiento de delincuentes juveniles
   a. pero la interpretación de la ley está clara
   b. por las lagunas en la interpretación de la rehabilitación a la luz del ofensor juvenil como individuo
   c. porque los jueces no están de acuerdo
   d. porque la Ley sobre Tribunales de Menores es injusta

VI. El valor de una institución del Estado es
   a. su servicio
   b. su atención a los juveniles
   c. que ofrece una mezcla de control, protección y tratamiento que el delincuente juvenil no ha experimentado en la comunidad
   d. que cuida mejor al niño que sus padres

VII. La primera institución creada especialmente para la corrección de menores delincuentes fue
   a. el Hospital de San Miguel del año 1703 en Roma

    b. establecida en Inglaterra

    c. establecida en Francia

    d. establecida por un rey en Holanda

VIII. Las Casas de Rufugio en nuestro país han sido

    a. lugares agradables

    b. ayudadas por individuos generosos

    c. prisiones más que otra cosa

    d. establecidas en la época colonial

14 Medicine

Vocabulario

I.
se daba como cierto was taken for granted
enfermedades diseases
reinaba prevailed
rapidez speed
se difundían were spread
patógenos pathogenic
puntualización determination
derribaron overthrew
papel role

II.
paso transmitting
pauta direction

III.
se aíslan are isolated
hongos fungi
vientos wind
suelo húmedo wet soil
seco dry

polvo dust
punto de vista point of view
ello that (fact)
ley de la gravedad law of gravity

IV.
se ejerce is carried out
nociva harmful
ostentan show
tener siempre presente always to bear in mind
ambiente o medio environment or milieu
seudomembrana diftérica diphtheritic pseudomembrane
soporte base
disponiendo de esta clase de vehículo even having at their disposal this kind of carrier
humedad humidity
sequedad drought
valor importance

El aire como factor epidemiológico

Emilio Zapatero Ballesteros

 I. Antes de la era bacteriológica **se daba como cierto** que las **enfermedades** epidémicas se transmitían fundamentalmente por el aire. Ocurría esto

Higiene y sanidad del ambiente rural (Barcelona: Salvat Editores, S.A. 1953).

132

en los tiempos en que, desconociéndose los microbios, **reinaba** la doctrina miasmática para explicar la **rapidez** con que las enfermedades **se difundían** y se desarrollaban las epidemias. El descubrimiento de los microbios **patógenos** como causa de tales enfermedades, el conocimiento de su biología, del mecanismo de la infección, y como consecuencia de esto la **puntualización** de los medios de transmisión, **derribaron** la doctrina miasmática y se fué concretando el **papel** del aire como agente epidemiológico.

II. Para juzgar de la importancia de un factor epidemiológico en la diseminación de las enfermedades es preciso considerar los puntos siguientes: 1.° Si en él existen bacterias. 2.° Qué facilidades encuentran las bacterias para vivir y conservar su poder patógeno. 3.° Posibilidades del **paso** de tales bacterias desde el factor considerado al hombre. Esta **pauta** es la que vamos a seguir con el aire y ya veremos a qué conclusiones nos conduce.

III. Las bacterias que **se aíslan** en el aire son: el *Bacillus subtilis, B. prodigiosus* y *cocos cromógenos,* entre las reconocidas como saprófitas. Patógenas se han aislado: *neumococo* (UFFELMANN), *bacilo tuberculoso* (CORNET), *bacilos diftéricos* (LÖFFLER y EMERSON), etc. Se encuentran también **hongos**, especialmente *Penicillium* y *Aspergillus.* Los **vientos** no son capaces de elevar las bacterias del **suelo húmedo**, pero sí lo hacen cuando está **seco**, pues entonces son transportadas por las partículas de **polvo**. Cuando el aire está quieto, es casi puro desde el **punto de vista** del contenido bacteriano, y así lo demuestran los trabajos de FLÜGGE: el aire de una habitación no utilizada y cerrada apenas contiene gérmenes, y *ello* porque, obedeciendo a la **ley de la gravedad**, se depositan poco a poco en el suelo, de donde pasan otra vez al aire al menor movimiento de éste.

IV. Otro agente que influye mucho en la vida de las bacterias en el aire es la desecación; pero su acción **se ejerce** de un modo más irregular: para unas bacterias es muy *nociva* y en cambio otras **ostentan** una marcada resistencia. Es preciso **tener siempre presente** que la resistencia de las bacterias a los agentes exteriores en general es también función del **ambiente o medio** en que la bacteria se encuentra, en el sentido de que en el medio que les es habitual, o sea en el producto patológico en que son eliminadas del organismo (pus, esputos, etc.), resisten siempre mucho más; el bacilo diftérico en cultivo en medio artificial y expuesto a la luz muere en doce horas; en cambio, cuando está en una **seudomembrana diftérica** puede resistir más de treinta días.

De todo lo dicho se deduce que las bacterias tienen muy pocas posibilidades de conservar su vitalidad en el aire y que estas posibilidades están en relación con la materia orgánica que encuentren en las partículas que les sirven de **soporte**; aun **disponiendo de esta clase de vehículo**, se ejerce en seguida sobre ellas la acción de la gravedad, de la luz, de los movimientos del aire, de las alternativas de **humedad y sequedad,** etc., y todos estos factores son grandemente nocivos para los microorganismos.

El **valor** epidemiológico del aire está, por consiguiente, intimamente relacionado con la presencia del hombre.

Reading Comprehension

I. En los últimos años se reconoce el papel del aire
  a. como agente epidemiológico
  b. en la transmisión de enfermedades
  c. en la salud
  d. en una teoría miasmática
II. Los puntos siguientes son importantes en el factor epidemiológico y su papel en la diseminación de las enfermedades:
  a. si hay bacterias y dónde existen
  b. dónde y cómo existen las bacterias
  c. cómo se transmiten al hombre
  d. si existen bacterias, qué facilidades tienen para conservar su poder patógeno y las posibilidades del paso de tales bacterias desde el factor considerado al hombre
III. Las condiciones que pueden elevar más el contenido bacteriano del aire son:
  a. mucho viento y mucha humedad
  b. mucho viento y un suelo seco
  c. los cuartos cerrados
  d. mucho sol y mucha lluvia
IV. Los factores nocivos para los microorganismos son:
  a. el viento y la luz
  b. la gravedad, la luz, los movimientos del aire y la humedad o sequedad
  c. el ambiente o medio y la desecación
  d. la luz y el sol

Vocabulario

I.
febril feverish
consuntiva consumptive
tisis tuberculosis
cuadros clínicos clinical signs
adquiere acquires
rodeados de tejido fibroso
    surrounded by fibrous tissues
aísla isolates
circundante surrounding
sano healthy

II.
caseoso cheesy
sangre sangre

aves birds
peces fish

III.
si bien eventhough
vaca cow
ternera calf
hecho fact

IV.
cuantía de este porcentaje
    quantity of this percentage
injerida ingested
contraen contract

Tuberculosis

Emilio Zapatero Ballesteros

I. Esencialmente la tuberculosis es una enfermedad **febril y consuntiva** («**tisis**»). El agente patógeno causal se puede localizar en distintos lugares del organismo del hombre v de algunos animales. De todas las localizaciones la pulmonar es la más frecuente, y por ello y por sus caracteres especiales es también la más importante desde el punto de vista epidemiológico.

La acción del bacilo tuberculoso sobre las diferentes partes del organismo produce **cuadros clínicos** muy diferentes, pero la lesión primaria, el tubérculo, es la misma en todas partes. Cuando la enfermedad **adquiere** una forma regresiva, los tubérculos aparecen **rodeados de tejido fibroso**, que los **aísla** de las partes **circundantes** del tejido **sano**; en los últimos períodos el material **caseoso** se calcifica.

II. El bacilo tuberculoso, *Mycobacterium tuberculosis,* o bacilo de Koch, domina toda la etiología de la enfermedad. Diremos aquí solamente que existen cuatro tipos de bacilo tuberculoso, adaptados cada uno a una especie animal: tres a animales de **sangre** caliente (el hombre, los bóvidos y las **aves**) y uno a los animales de sangre fría (**peces**).

III. Hoy está completamente fuera de duda que el bacilo bovino, con el humano, determina tuberculosis en el hombre, **si bien** lo hace con mayor frecuencia el segundo. Que la tuberculosis de la **vaca** y de la **ternera** es contagiosa para el hombre es cosa ya por nadie discutida; por tanto, este **hecho** tiene gran interés epidemiológico.

IV. Casi todos los casos de tuberculosis pulmonar se deben al tipo humano, pero la ganglionar, la de localización abdominal, la ósea y la articular, en niños menores de seis años, se deben en un 50 por 100 de los casos al bacilo bovino, dependiendo la **cuantía de este porcentaje** de la calidad de la leche **injerida**, ya que este es el mecanismo por el que los niños **contraen** más frecuentemente tales tuberculosis.

Reading Comprehension

I. De todas las localizaciones de la tuberculosis, las más frecuente es
 a. la pulmonar
 b. la abdominal
 c. la bronquial
 d. la cerebral

II. Existen cuatro bacilos tuberculosos:
 a. tres adaptados a animales de sangre caliente y uno adaptado a animales de sangre fría
 b. dos de animales y dos de plantas
 c. tres de animales y uno de personas
 d. cuatro adaptados a animales de sangre caliente

III. Es contagiosa para el hombre la tuberculosis de
 a. la vaca y la leche
 b. la vaca y el caballo
 c. la vaca y la ternera
 d. la leche y la crema

IV. Los niños contraen tuberculosis más frecuentemente
 a. por la cantidad de la leche injerida
 b. por el bacilo bovino
 c. por el bacilo tuberculoso
 d. por el bacilo adaptado a animales de sangre fría

15 Sociology

Vocabulario

I.
esfuerzos   attempts
han aportado   has contributed
emprender   undertake
estatuto   standing rule
ciencia   science

II.
término   term
animados   encouraged
campo   field
v. gr.   for example
Por su parte   On the other hand
serio   serious
al menos   at least
leyes de pasaje   transition rules
debidamente aprovechado
   duly utilized

III.
reconocimiento   recognition
en cambio   On the other hand
efímera   ephemeral

IV.
poseen una validez operatoria
   possess a functional validity
en tanto   on the other hand

V.
somera muestra   superficial sample
nivel teórico   theoretical level

VI.
han descuidado   have neglected
las llamadas   the so-called
Pues bien   In sum
desembarazarse de   get rid of

VII.
surgido contemporáneamente
   emerged contemporaneously
entrometido   interfering
se trata de   is matter of
ubicada   located
reemplazo   replacement
rodeada   surrounded
límites   limitation

VIII.
riqueza propia de
   wealth characteristic of
a fin de   in order to
adentrarse   go in depth

IX.
esquemas   outlines
condicionamientos mutuos
   mutual conditioning
puede advertirse   can be observed
inconsciente   unconsciousness
sustrato común   substratum in
   common

X.
superándolo   overcoming it
mediante   by means of
superación   transcending
adherirnos   to adhere to
potencia   potential force
no se hallan   are not found
compruebe su validez
   proves their validity

XI.
ante todo   above all
lenguaje   language (jargon)
patrones   patterns

XII.
dado   assuming
se logra aíslar un conjunto
   one succeeds in isolating
conjunto   whole group
razonar   to reason
desplegar a partir de él
   deduct from it
desprender   separate
llenar   fill in
sentido   meaning
lo dado previo   what was
   previously given
sustraerse   deduce

Estructuralismo en sociología

Fil. y Soc. Jhon Jairo Betancourt

I. Tres **esfuerzos** notables **han aportado** a la Sociología la posibilidad de **emprender** caminos nuevos hacia la conformación de su **estatuto** como **ciencia** autónoma: El positivismo con su forma especifica, el funcionalismo; la sociología Marxista con su método dialéctico, y el Estructuralismo. Nos referiremos aquí al segundo.

II. Muchos sociólogos han incluído el **término** Estructura en sus obras, mientras que otros hacían y siguen haciendo sus incursiones en el método estructural, **animados** por el éxito obtenido por otras ciencias en el mismo **campo**. Es el caso, **v.gr.**, de Spencer, Marx, Durkheim, Holm, Gurvitch y la llamada "Escuela de Chicago". Los Norteamericanos han utilizado el método estructural en el estudio espacial de las ciudades y de las pequeñas comunidades. **Por su parte** Gurvitch lo emplea para caracterizar unidades sociales específicas, las estructuras sociales. También existe un esfuerzo notable en las investigaciones de Claude Lévi-Strauss, el más **serio** de todos, **al menos** en el campo estructural, por encontrar los sistemas relacionados o, al menos, "las **leyes de pasaje** de uno al otro" entre los hechos etnográficos, sociológicos, económicos, estéticos y religiosos, esfuerzo que no ha sido **debidamente aprovechado** por la Sociología.

Revista de Sociología, Facultad de Ciencias Sociales, Instituto de Sociología, Universidad Pontífica Boliviana, Medellín (Enero–Junio 1973).

III. Cuando Lévi-Strauss habla de estructura, se refiere a estructuras modelos, como puntos de **reconocimiento** para analizar las situaciones concretas. Pero Gurvitch, **en cambio** define la estructura como **efímera**, como proceso permanente de estructuración, desestructuración y reestructuración existente en la sociedad misma, como núcleo de ella.

IV. Según Strauss, las estructuras **poseen una validez operatoria.** Son modelos, tipos construídos que pueden ayudar a conocer y clasificar las sociedades globales. **En tanto**, para Gurvitch "las sociedades globales y las estructuras globales se identifican".

V. Esta **somera muestra** de discusión entre dos estructuralistas alrededor de un mismo asunto, las estructuras, manifiesta las dificultades que, aun a **nivel teórico,** se han presentado dentro del estructuralismo y, muy específicamente, en la utilización de éste dentro de la Sociología.

VI. El término estructura, ha traído a la Sociología resultados fecundos: Bien se sabe que una ciencia se hace acompañar por un vocabulario exacto y preciso, asunto que **han descuidado las llamadas** Ciencias Sociales. *Pues bien*: La inclusión del término estructura, en su aspecto conceptual, ha permitido a la Sociología **desembarazarse de** una serie de dificultades teóricas y de compromisos ideológicos.

VII. El Estructuralismo ha eliminado un gran obstáculo **surgido contemporáneamente** con las Ciencias Sociales y profundamente **entrometido** en ellas desde entonces. **Se trata de** la figura del hombre, **ubicada** en el centro de esas ciencias, en **reemplazo** de la figura de una deidad y **rodeada** por una serie de prejuicios que impedían un desarrollo adecuado de ellas.

VIII. Ciertamente los estudios estructurales tienen grandes **límites:** la insistencia en lo sincrónico, la multiplicidad en el empleo y usos del término, el abandono del aspecto dialéctico en el campo social, el sacrificio de la **riqueza propia de** la realidad social, etc. Pero ello se hace **a fin de** establecer hechos científicos; es el campo de experimentación conceptual; es la opción teórica necesaria para **adentrarse en** la investigación científica de la realidad.

IX. Se propone, entonces, para el conocimiento de la realidad social la construcción de tipos, de modelos, de **esquemas** que permitan establecer estructuras en las que el objeto social aislado aparece reunido en una totalidad de fenómenos solidarios, poniendo de manifiesto elementos constantes, sus **condicionamientos mutuos**, sus combinaciones y transformaciones. **Puede advertirse** aquí la preocupación constante del Estructuralismo: no separar las realidades empíricas del orden de las estructuras. Se abre, según esto, la posibilidad de la ciencia como algo, a la vez objetivo y subjetivo, puesto que es el **inconsciente** el que articula, el que se ofrece como **sustrato común** a dichas relaciones.

X. En todo lo anterior se observa cómo el conocimiento de la realidad exige hacerla, construírla, sobre el objeto mismo, en base a lo que éste permite, pero siempre **superándolo mediante** la construcción de lo que Strauss llama un "Superobjeto", ésto es, un sistema de relaciones formales. Así, para llegar a la construcción de la estructura, se hace necesaria una **superación** del objeto, mediante la elaboración de modelos que nos den acceso a los sistemas de funcionamiento de los datos y, en la comparación de sistemas, conduzcan hacia la estructura general. Es por esto por lo que preferimos **adherirnos** a Lévi-Strauss, en contra de Radcliffe Brown, diciendo que la estructura no es una parte del objeto, sino una **potencia** de él. La estructura, como las leyes de las ciencias, **no se hallan** en el objeto, pero nos dan un conocimiento adecuado de él, o mejor, se encuentran en el objeto de una manera "latente," según la expresión Straussiriana. Será precisamente la experiencia de las estructuras en el objeto social para el cual fueran construídas, lo que **compruebe su validez**.

XI. El Estructuralismo es, **ante todo**, una operación de formalización. Se trata de constituir **lenguajes** puros, con sus propias reglas de ordenación, lenguajes autóctonos vacíos de sentido, que sirvan como **patrones** de significación indefinida para poder agrupar elementos, definiendo su función, no su contenido o sentido.

XII. En esta forma, **dado** un material social, existe un análisis estructural cuando **se logra aislar un conjunto** formal de elementos y relaciones, y **razonar** acerca de él, sin especificar su contenido y naturaleza, para luego **desplegar a partir de él** una serie de consecuencias, **desprender** familias de modelos y **llenar** luego de **sentido** la forma. De este modo el sentido no es **lo dado previo**, sino lo que se construye y alcanza. Las estructuras son, así, esquemas racionales y operacionales logrados por abstracción y comparación, de origen lógico-matemático, que permiten **sustraerse del** sentido, para construírlo más allá de su ser dado y concluso, y considerar universalmente los diferentes objetos formalizados.

Reading Comprehension

I. Tres esfuerzos han aportado a la Sociología la posibilidad de emprender caminos nuevos como ciencia autónoma:
- a. la psicología, historia y geografía
- b. la medicina, las ciencias y la tecnología
- c. el positivismo, la sociología marxista y el estructuralismo
- d. el materialismo, comunismo y socialismo

II. Los norteamericanos han utilizado el método estructural
- a. antes que nadie
- b. en el estudio espacial de las ciudades
- c. en la construcción de rascacielos
- d. en la sociología

III. Lévi-Strauss y Gurvitch
- a. están de acuerdo en sus teorías
- b. difieren en que el primero cree en las estructuras como permanentes y el otro cree en ellas como algo efímero
- c. no analizan situaciones concretas
- d. no creen que la estructura sea un proceso permanente de estructuación

IV. Según Lévi-Strauss, las estructuras son modelos que
- a. pueden ayudar a conocer y clasificar las sociedades globales
- b. cambian constantemente
- c. no pueden ser permanentes
- d. las sociedades globales son lo mismo que las estructuras globales

V. El problema entre los estructuralistas es
- a. la aceptación del estructuralismo en la sociología
- b. la teoría del estructuralismo
- c. la aplicación de estructuras en su nivel teórico a la sociología
- d. que unos creen en el estructuralismo aplicado a la sociología y otros, no

VI. El beneficio del término estructura para la sociología consiste en
- a. que permite a la sociología desembarazarse de dificultades teóricas y de compromisos ideológicos
- b. que ayuda a los sociólogos a tener una ideología
- c. que ayuda en la investigación de otras teorías
- d. su contribución histórica

VII. El gran obstáculo eliminado por el estructuralismo es
- a. el aspecto económico
- b. el hombre ubicado en el centro de las ciencias en reemplazo de la figura de una deidad y rodeada por una serie de prejuicios

    c. filosófico

    d. científico

VIII. Los estudios estructurales tienen grandes límites:

    a. la experimentación conceptual y una opción teórica necesaria a la investigación científica de la realidad

    b. la insistencia en lo sincrónico, la multiplicidad en el empleo y usos del término, el sacrificio de la realidad social, etc.

    c. hechos científicos

    d. la historia aplicada a la sociología

IX. La preocupación constante del estructuralismo es

    a. no separar las realidades empíricas del orden de las estructuras

    b. la relación entre él y la sociología

    c. la relación entre el aspecto objetivo y sujetivo

    d. el esquema que se necesita para interpretar la realidad

X. La estructura no es una parte del objeto; es

    a. sólo una potencia de él

    b. una idea

    c. una manera latente

    d. la superación de modelos

XI. El estructuralismo constituye

    a. la estructura

    b. los términos con definiciones exactas

    c. los patrones de la realidad social

    d. lenguajes puros que sirvan como patrones de significación indefinida para poder agrupar elementos

XII. Las estructuras son

    a. patrones previos

    b. esquemas racionales y operacionales

    c. comparaciones objetivas

    d. patrones abstractos

16 Psychology

Vocabulario

I.
comprensión understanding
fuerzas forces
compleja complex
aclamada por las multitudes
   applauded by crowds
competividad competitiveness
elogio praise
refuerzan esos anhelos
   reenforce these longings

II.
lluvia rain
se trata de it's a case of
calurosa y seca hot and dry

III.
ante before (in the face of)
estímulos incentives
carga pesada heavy burden
suspicacia suspicion
lucha struggle
"expectaciones crecientes"
   growing expectations
chisme gossip
campesino peasant
aldea village

IV.
jalando pulling
cuesta arriba uphill

cima
cima top
esfuerzo struggle
a través de through
testarudez stubbornness
trabajo forzado forced labor
campo countryside

V.
desapego indifference
compromiso commitment
consumo consumption
computadoras computers
taladros drills
sacacorchos corkscrews
pelapapas potato peelers
fálicos phallic

VI.
útero mecánico mechanical uterus
empresa business
cambio change
enfoque approach

VII.
cantante singer
pantera panther
nadando swimming

VIII.
chapoteando splashing about
alberca privada private pool

143

liga link
patrón de comodidades
    pattern of comforts
El lograr Achieving
vínculos ties
pertenecer belong
ligas sanguíneas blood ties
soñante dreamer

IX.
entrevistado interviewed
soño dreamed
manejando driving
dejando atrás las chozas
    leaving behind (him) the huts
papeles roles (in society)
pervierten o destruyen
    pervert or destroy

La conciencia social crítica en la comprensión de los sueños

Rolando Weissmann

I. Comprender los sueños como una expresión tanto social como individual añade una nueva dimensión a la **comprensión** de los sueños que tiene varios aspectos importantes, ya que la influencia de las **fuerzas** sociales sobre la experiencia interna puede ser simple o **compleja,** directa o indirecta, lo mismo que su expresión en los sueños. Recíprocamente, los sueños también son importantes en la comprensión de las fuerzas psicosociales, particularmente en la forma en que ellas afectan la vida profunda de los individuos.

Si una persona sueña que compite en las Olimpiadas o que hace "touchdowns" y es **aclamada por las multitudes**, el sueño indica no solamente ambición, **competitividad** y necesidad de **elogio** y admiración en ese individuo, sino también es indicativo de las reglas y valores sociales dominantes que **refuerzan esos anhelos**.

II. Estas relaciones no siempre son obvias en los sueños porque la influencia de las presiones sociales puede ser indirecta y por lo tanto, tiene que ser interpretada. Una misma tendencia puede tener también expresiones simbólicas diversas. Podríamos empezar suponiendo que los sueños que tienen una extensión o naturaleza social, pero no universal, son probablemente sueños relacionados de algún modo con el clima psicosocial predominante en esa cultura particular. Son más o menos específicos socialmente hablando, de una cultura, una clase o un grupo.

Puede decirse lo mismo de los símbolos y aquí la relación es más

Revista Psicoanálisis–psiquatría–psicología, Organo de la Sociedad Psicoanalítica Mexicana y del Instituto Mexicano de Psicoanálisis (Mayo–Agosto 1974).

sencilla, más obvia y concreta. De este modo, el sol y la **lluvia** pueden tener una implicación positiva o negativa dependiendo de si se trata de una región **calurosa y seca** o no. Vamos a ver una serie de ejemplos de tipos de sueños.

III. Fromm y Maccoby en su libro *"Social Character in a Mexican Village"* [1] refieren algunos de los sueños de los campesinos que ilustran los aspectos de su vida emocional que corresponden a las condiciones sociales, en parte dependientes y en parte independientes de su posición social: Su impotencia **ante** las fuerzas de la naturaleza, o del industrialismo, la máquina; su hambre de comida y de **estímulos**; el sentir que la vida es una **carga pesada**; su **suspicacia**; su *lucha* constante contra la muerte; sus sueños de encontrar riquezas; sus **"expectaciones crecientes"** por cuanto puede darles la tecnología y la ciudad; las limitaciones de su libertad por la tradición y el **chisme**; todos estos temas de la existencia social del **campesino** se proyectan vívidamente en algunos de sus sueños. [2] Este tipo de sueños nos hablan del clima emocional que resulta de las condiciones sociales en la **aldea**.

IV. Al llegar a la ciudad los campesinos sueñan que se encuentran solos e ignorados, sin un lugar donde estar o dormir. Un joven campesino que estaba estudiando Medicina en la Ciudad Universitaria soñó que estaba **jalando** una mula **cuesta arriba** por una montaña; le era muy difícil, pero ya iba demasiado lejos como para regresarse y sentía que regresar iba a ser tan difícil como llegar a la **cima**. El ascender la montaña simboliza probablemente el **esfuerzo** que representa para el campesino el ascender socialmente **a través de** la educación y la mula puede representar la **testarudez**, el **trabajo forzado** y el sufrimiento de tipo más bien físico "animal", o los instintos o fuerzas que pertenecen más al **campo** que a la ciudad.

V. El cine y la televisión en los sueños puede significar que la vida interior o la vida en general se observa, con gran **desapego** y sin **compromiso**, como si fuera una película. Los almacenes pueden representar el mundo del **consumo**, anónimo y organizado burocráticamente. Las **computadoras** pueden representar la expresión alienada del pensamiento; los **taladros, sacacorchos** y **pelapapas** pueden ser expresiones alienadas y mecanizadas de impulsos **fálicos**, del sexo transformado en una función técnica, desvitalizada.

---

[1] Fromm, Erich, y Maccoby, Michael, *The Social Character in a Mexican Village,* Englewood Cliffs, N. J., Prentice-Hall, Inc., 1970.

[2] *Ibid.,* p. 37.

VI. El subir en elevadores, particularmente en edificios de oficinas, puede representar el estado de pasividad emocional en relación a la "movilidad social" del hombre-organización; es la persona alienada que vive en su **útero mecánico**, encerrado en donde con sólo mantenerse inmóvil y evitar problemas, irá subiendo en la **empresa**. Los cosméticos, por supuesto, representan un **cambio** artificial en la apariencia, pero en los sueños pueden representar un cambio psíquico o una "modificación de la conducta".

Este **enfoque** a la interpretación de los símbolos asociados a la tecnología moderna que en su mayor parte representan la alienación humana de la naturaleza, incluyendo también la naturaleza humana universal y la propia naturaleza individual, puede denominarse un enfoque-experiencial.

VII. Por supuesto que personas típicas de una cultura o socialmente populares también pueden aparecer en los sueños como ideales (o ídolos) o representando a otras personas o tipo sociales, todo lo cual también puede considerarse como símbolos sociales. En la cultura moderna, el tecnócrata, el **cantante** de rock, el hippie, el "radical", el **pantera** negra, el jugador de futbol, el joven "mod" etc. serían ejemplos típicos.

VIII. Símbolos universales, como el agua, pueden aparecer en forma socialmente significativa. Soñar que se está *nadando* en un lago, o en el océano es diferente de soñar que se está **chapoteando** en una **alberca privada**. Este último caso puede representar un "útero" de la clase media o media-alta; es el agua maternal, confortable, o el medio emocionalmente homogéneo de ese estilo de vida. Su presencia en sueños puede indicar una **liga** emocional con el **patrón de comodidades** y protecciones de ese estilo de vida. Soñar que se esta en una alberca con los amigos o la familia puede acontecer por ejemplo, la noche posterior a una reunión social. **El lograr** la independencia emocional de esa "madre" social coincide con lograr la independencia de la madre biológica, también los **vínculos** regresivos pueden ser igual de fuertes y/o insidiosos con una como con la otra y tienden además a reforzarse, si aparecen otras personas en el sueño, significa que ellos están inmersos también en la misma "agua" siendo ésta la asociación por **pertenecer** a la misma clase social o por **ligas sanguíneas**; se puede decir que están todos en el mismo ambiente incestuoso y son éstos además las únicas personas "reales" emocionalmente para el **soñante**.

IX. Un alto ejecutivo en México que fue **entrevistado soñó** que iba **manejando** a gran velocidad hacia lo alto de una montaña, en su carro nuevo, **dejando atrás las chozas** en donde vivían los pobres. Este es un sueño característico de un país explotado y pobre, que representa la dinámica de la separación de las clases; y ésta es a la vez física, social y emocional.

La importancia psicosocial de los sueños desde un punto de vista humanístico y crítico significa ser sensible también a las expresiones simbólicas de *crítica a* las estructuras y los modelos, **los papeles**, y las instituciones sociales que inhiben, **pervierten o destruyen** lo vivo y humano.

Reading Comprehension

  I. Los sueños son una expresión
    a. personal
    b. social
    c. de sublimación personal
    d. tanto social como individual

  II. Los sueños están relacionados con
    a. las ciencias
    b. una diversión que vale la pena
    c. la influencia de las presiones sociales
    d. el clima psicosocial predominante en una cultura particular

  III. Los sueños de los campesinos ilustran
    a. la posición social de cada uno
    b. sus frustraciones personales
    c. la naturaleza universal de sus problemas
    d. los aspectos de su vida emocional que corresponden a las condiciones sociales, en parte dependientes y en parte independientes de su posición social

  IV. El ascender una montaña simboliza para el campesino
    a. el esfuerzo que representa el ascender socialmente a través de la educación
    b. subir al campo
    c. progresar en su ambiente
    d. querer ver la vista de arriba

  V. El cine y la televisión pueden significar
    a. querer ser actor
    b. la diversión como necesaria
    c. que la vida en general se observa como si fuera una película
    d. divertirse mucho

VI. El subir en elevadores puede representar
- a. el ascender en la sociedad
- b. la pasividad emocional en relación a la "movilidad social" del hombre–organización
- c. crecer rápido
- d. ser egoísta

VII. El hippie, el "radical," el cantante de rock y el jugador de fútbol son
- a. estereotipos de tipos comunes
- b. tipos odiosos
- c. símbolos de riqueza
- d. son típicos de una cultura o ideales de ella y símbolos sociales

VIII. Los símbolos universales, como el agua,
- a. no pueden ser interpretados como personales
- b. tienen una sola significación
- c. pueden aparecer en forma socialmente significativa
- d. son iguales en todos los países y no importa a quién pertenece el sueño

IX. Soñar que uno va manejando a gran velocidad en un carro nuevo dejando atrás las chozas de los pobres es característico
- a. de un país explotado y pobre, que representa la dinámica de la separación física, social y emocional de las clases
- b. de los países ricos en los cuales todos suben la escala social
- c. de Latinoamérica
- d. del pobre soñando con su futuro

Vocabulario

I.
broma joke
psiquiatra psychiatrist
reconocer recognize
los demás the rest
por ello for that reason
en potencia potential
acude a nuestro despacho
  comes to our office
tratado treated

II.
a grandes rasgos in broad strokes
cuya whose
se pone de manifiesto becomes evident

nivel compensado
  compensatory level
se niegan en redondo flatly refuse

III.
efectividad functioning
suprime eliminates
satisfacer satisfy
plenamente fully
reconocimiento subjetivo
  subjective recognition
alcanzar reaching
cabe decir it can be said
manifiesta obvious

IV.
obstáculos obstacles
terapeuta therapist
presiones pressures
lo impulsan a dar este paso
    drive him into taking this step
superar las barreras
    overcome the barriers
proporciona provides
capacita enables
Sospecha He suspects
restaurar aquellos modelos auto-
    terapeutizantes   to restore
    those self-therapy patterns
Pese a todo In spite of it all

V.
desafía challenges
fracaso failure
desarrollo development
apunta points out
conviven estrechamente live closely
Sea como fuere Be that as it may
trastorna upsets
lo fuerzan a someterse
    force him to give in
Incluso Even
ha luchado has fought

VI.
experimentado experienced
proporcionan offer

VII.
bloquean el paso block the step
surge emerges
efectividad effectiveness
repudio repudiation

VIII.
más allá del rechazo previo
    beyond previous rejection
inmadureces immaturity

IX.
anteriormente earlier
entraña carries within
enfrentándose by confronting
fachada de madurez façade of
    maturity
exigencias demands

X.
magia magic
alcanzará la curación repentina y
    milagrosamente   will suddenly
    and miraculously find the cure
hechicero witch doctor
carga burden
engendra engenders
odio hatred
despoja strips
intrapsíquica intrapsychic
a su vez in turn
introyectado interjected

El paciente como persona

Carl A. Whitaker
Thomas Malone

    I. El público ha aceptado la **broma** de que, para el **psiquíatra**, cada persona es un paciente. Aunque negamos esto públicamente, hay que **reconocer** que esta acusación tiene gran parte de verdad. Esto tiene muchos

Las raíces de la psicoterapia (Barcelona: Editorial Labor, S.A. 1967).

aspectos. Entre nosotros reconocemos que una persona sólo ve en los demás lo que ha visto previamente en sí misma. Tendremos que aceptar que todas las personas poseen potencialidades similares y que, **por ello**, todas son pacientes **en potencia**. Debemos, no obstante, establecer una diferencia entre estos pacientes potenciales y el paciente que **acude a nuestro despacho** para ser **tratado**.

II. Los pacientes potenciales se dividen, **a grandes rasgos**, en tres grupos: los que vienen con una patología muy aparente para el mundo exterior (sociedad); aquéllos **cuya** patología únicamente **se pone de manifiesto** después de la entrevista; y aquéllos cuya patología solo son capaces de discernir ellos mismos. El mero hecho de que el individuo presente una patología muy aparente, no significa, sin embargo, que se convierta automáticamente en un paciente. Muchas personas siguen actuando en un **nivel compensado** y **se niegan en redondo** a recibir ayuda, *no aceptan su condición de pacientes*. ¿Qué significa esto?

III. La condición de paciente presupone en general la aceptación de una necesidad sentida. Por ello, la condición de paciente tiene dos ingredientes. En primer lugar, el concepto de «paciente», como lo hemos usado aquí, se convierte en un concepto biológico. Requiere la existencia de una discrepancia entre la **efectividad** actual del individuo en su vida y su potencial biológico. Esto **suprime** del concepto de «paciente» la relatividad cultural a la que los psiquíatras dieron en el pasado tanta importancia. Una cultura puede **satisfacer** ciertas necesidades mejor y más **plenamente** que otras, o aceptar un cierto tipo de deficiencia personal con mayor facilidad que otros. Sin embargo, la base objetiva que transforma al individuo en paciente es precisamente la diferencia entre lo que es y lo que podría ser. El segundo ingrediente de la condición de paciente es el **reconocimiento subjetivo** de su necesidad, y su presentación, consciente o inconsciente, a otra persona, con objeto de **alcanzar** una ayuda. Sólo cuando se dan al mismo tiempo estos ingredientes objetivos y subjetivos **cabe decir** que aquella persona se ha convertido en paciente. Un individuo puede presentar una patología muy **manifiesta** y no ser un paciente, mientras que puede serlo con una patología mínima.

Obstáculos *a la condición de paciente*

IV. La decisión del paciente de acudir al **terapeuta** no es fácil. ¿Qué es lo que lleva al paciente al terapeuta? Las **presiones** que **lo impulsan a dar**

este paso deben de ser muy fuertes. Tiene que **superar barreras** muy esenciales. La primera y más evidente pone de manifiesto su repugnancia a alterar su propio equilibrio neurótico. Este compromiso, aunque limite sus satisfacciones vitales, también, en cierto sentido, lo compensa. Le **proporciona**, por ejemplo, una cierta protección y lo **capacita** para vivir en un nivel bastante seguro, aunque estéril. **Sospecha** que la terapéutica lo obligará a alterar los compromisos defensivos de toda su vida. Algunas veces el paciente acude al terapeuta porque desea, no tanto un desarrollo, como **restaurar aquellos modelos autoterapeutizantes gracias a los que** ha obtenido ciertas satisfacciones al mínimo «nivel de subsistencia» y que, por diversas razones, se han venido abajo. **Pese a todo**, el hecho de que el paciente acuda al terapeuta después de años de un compromiso vital, implica un profundo reconocimiento del tremendo poder del impulso de desarrollo suprimido durante tanto tiempo en él como individuo.

V. La persona que acude al terapeuta, en cierto sentido **desafía** muchos de sus propios valores culturales. Por ejemplo al pedir un tratamiento condena tácitamente su cultura por el **fracaso** al proporcionarle un adecuado ambiente para su **desarrollo**. Así, el mero hecho de acudir al terapeuta pone de manifiesto muchas de las deficiencias de la comunidad en que vive. Más en concreto **apunta** a aquellos miembros de la comunidad que **conviven estrechamente** con él. Por esto no preguntamos qué parte de la hostilidad con que nuestra cultura considera la psiquiatría y la psicoterapia, refleja un reconocimiento latente del hecho de que la necesidad de sus miembros de buscar la terapéutica constituye en sí misma un reproche a la comunidad en que vive. **Sea como fuere**, el paciente sólo acude porque algo muy poderoso **trastorna** su compromiso vital y las presiones culturales que **lo fuerzan a someterse** a sus padres o a los sustitutos de éstos. **Incluso** el paciente que no ha acudido previamente a un médico **ha luchado** por lo general para satisfacer sus necesidades emocionales con otros individuos o grupos, en algún momento de su pasado.

El terapeuta social

VI. Los pacientes pocas veces, o ninguna, acuden al terapeuta profesional sin haber **experimentado** antes un cierto desarrollo, en una relación terapéutica previa. Cualquier persona que forma parte de una comunidad actúa en determinadas ocasiones como terapeuta frente a las necesidades de los demás. Podemos denominar este proceso «terapia social». Habitualmente, no son conscientes del proceso del proceso del tratamiento y tienen notables limitaciones como terapeutas. Sin embargo, en su relación con una persona específica, **proporcionan** una cierta satisfacción.

VII. Muchas dificultades **bloquean el paso** del paciente desde un terapeuta social a uno profesional. Casi inevitablemente **surge** una hostilidad hacia el terapeuta social, a consecuencia de su fracaso al no lograr una **efectividad** completa. Una parte de la hostilidad hacia el terapeuta social representa la transferencia de sentimientos infantiles de **repudio**.

VIII. El terapeuta debe superar su propia respuesta a la hostilidad y su competencia con el terapeuta social, antes de que la relación pueda ir **más allá del rechazo previo**. Esta «superación» por parte del terapeuta proporciona al paciente una cierta indicación de las limitaciones e **inmadureces** del terapeuta. La aceptación de éstas por el paciente, convierte la primitiva relación profesional en una relación más personal.

Cultura: la última barrera

IX. Como **anteriormente** hemos dicho, la fantasía del paciente acerca del tratamiento **entraña** el temor de que éste sólo sea posible **enfrentándose** a la cultura. Para conformarse con su cultura el paciente ha tenido que desarrollar una **fachada de madurez**. Se ha negado repetidamente a aceptar aquellas necesidades profundas que sentía antagónicas a las **exigencias** culturales. Teme que el terapeuta responda a sus necesidades como lo ha hecho la cultura, es decir, negándole estas necesidades infantiles.

X. El paciente se vuelve hacia el terapeuta como un posible escape de la lucha que mantiene dentro de sí mismo. Su concepto del terapeuta refleja una estereotipia cultural que incluye algunas de las siguientes características: El terapeuta posee toda la **magia** que el niño atribuye al padre, es decir, que en su presencia el paciente **alcanzará la curación repentina y milagrosamente**. En este sentido el médico se convierte en el **hechicero** de nuestra cultura. En su fantasía, el paciente depende de este omnipotente padre para que comparta su **carga** y la responsabilidad de su enfermedad. El terapeuta **engendra** también **odio** por ser alguien que **despoja** al paciente de parte de su individualidad. Las necesidades singulares de cada paciente moldean su interpretación del estereotipo cultural. Sus características específicas dependen de la «familia intrapsíquica» del individuo. Cuando la familia **intrapsíquica** del paciente empieza, de esta forma, a incluir también al médico terapeuta, se inicia el proceso de la terapéutica como fenómeno intrapsíquico. Recíprocamente y de una manera similar el paciente es **a su vez introyectado y** por ello pasa a formar parte de la dinámica intrapsíquica del terapeuta. Esto significa que el proceso es bilateral. El estereotipo que el paciente tiene del terapeuta se funde con los miembros de su propia familia intrapsíquica. En este sentido, el médico puede ser cualquiera: Dios, el profesor, el diablo, la enfermera o la sociedad. Las proyecciones individuales del paciente son innumerables.

Reading Comprehension

I. Cada persona es, para el psiquiatra,
   a. un paciente en potencia
   b. un paciente que no quiere pagar los servicios de él
   c. más dinero
   d. un caso más complicado

II. Los pacientes potenciales se dividen en tres grupos:
   a. los que van al psiquiatra, los que no van y los que van de vez en cuando
   b. los que vienen con una patología aparente, aquéllos cuya patología se ve después de la entrevista y aquéllos cuya patología sólo son capaces de discernir ellos mismos
   c. los que se pueden curar, los que no se pueden curar y los que ya se han curado
   d. los que quieren ser ayudados, los que no creen en la psiquiatría y los que ignoran la psiquiatría

III. La condición de paciente requiere
   a. la diferencia entre lo que uno es y lo que quisiera ser y el reconocimiento de la diferencia
   b. la existencia de una discrepancia entre la efectividad actual del individuo y su potencial biológico
   c. tener ganas de ser curado y tener dinero
   d. tener paciencia y un buen sentido de humor

IV. Una de las barreras más difíciles de superar para el paciente es
   a. su prejuicio
   b. su egoísmo
   c. su cultura
   d. su repugnanacia a alterar su propio equilibrio neurótico

V. La persona que acude al terapeuta desafía
   a. a sus parientes
   b. a sus amigos íntimos

    c. su cultura así como a sus familiares o amigos íntimos

    d. su pasado

VI. Cualquier persona que forma parte de una comunidad actúa a veces como terapeuta porque

    a. participa en el proceso que se llama «terapia social»

    b. tiene algún pariente que necesita ayuda

    c. sabe hacerlo

    d. cree en la psicoterapia

VII. Inevitablemente surge una hostilidad hacia el terapeuta social por

    a. no querer ayudar al paciente

    b. su interferencia en la vida privada del paciente

    c. no lograr una efectividad completa en el tratamiento

    d. no aceptar dinero

VIII. La aceptación de las limitaciones del terapeuta por el paciente resulta en

    a. el repudio del terapeuta

    b. una relación más personal entre los dos

    c. menos pago por el tratamiento

    d. muchas quejas de parte del paciente

IX. Toda su vida el paciente ha tenido que negar aquellas necesidades profundas que

    a. eran indecentes

    b. costaban demasiado

    c. su familia imponía

    d. sentía antagónicas a las exigencias culturales

X. El médico se convierte para el paciente en

    a. un hechicero de nuestra cultura

    b. un monstruo

    c. amigo o enemigo

    d. un hombre fracasado

ANSWERS

Socioeconomics

Teoria de la clase media en América Latina

1. b	5. c
2. d	6. a
3. a	7. b
4. b	

La colaboración entre las ciencias sociales

1. b	2. a

Economics: Industrial Development

La sociedad y la economía española en 1970 y 1980

1. c	5. c
2. a	6. a
3. d	7. c
4. a	8. b

Education

Universidad y política en América

1. d	3. b
2. c	4. d

La universidad en un mundo de tensiones

1. c	4. d
2. a	5. a
3. c	6. a

History

Contra el trabajo invisible

1. b		5. a
2. c		6. c
3. b		7. b
4. b		8. d

En el centro de la tormenta

1. b		3. a
2. b		

Law

Los tribunales juveniles

1. a		5. b
2. c		6. c
3. a		7. a
4. b		8. c

Medicine

El aire como factor epidemiológico

1. a		3. b
2. d		4. b

Tuberculosis

1. a		3. c
2. a		4. b

Sociology

Estructuralismo en sociología

1. c		7. b
2. b		8. b
3. b		9. a
4. a		10. a
5. c		11. d
6. a		12. b

Psychology

La conciencia social crítica en la comprensión de los sueños

1. d	6. b
2. d	7. d
3. d	8. c
4. a	9. a
5. c	

El paciente como persona

1. a	6. a
2. b	7. c
3. b	8. b
4. d	9. d
5. c	10. a

VOCABULARY

Spanish-English

This vocabulary is based on new words that appear in Etapas 1–8. An asterisk precedes any word that is used prior to its presentation in Book I. Such words are also listed in the Book I vocabulary.

The literary selections and occupational readings are self-contained; their vocabulary is not included here.

A

aceitunas olives
*aceptar to accept
acogedor hospitable
acróbata acrobat
*actitud attitude
actriz actress
*además de in addition to
adquirir (il) to acquire
adulto adult
afectar to affect
aislado isolated
al principio in the beginning
*alrededor de around
alrededores outskirts
alternativa alternative
altura height, altitude
analfabeto illiterate
análisis analysis
a plentitud fully
apostar (ue) to bet
arte art
artículos anunciados advertised items
artista artist
aspecto looks, appearance
aun even; —— **sí** even if
aún still, yet
autónomo autonomous

B

*bajo under
*banquero banker
bien welfare, well-being
búsqueda search
bombardeo bombing

C

*cada each, every
caldera melting pot
calorías calories
camino road
campeonato championship
carácter character
característica characteristic
caracterizar characterize
*carta letter
*casi almost
castillo castle
causa cause
científico scientist
circo circus
clase media middle class
clichés y estereotipos clichés and stereotypes
colonia colony
combinación combination
*como since
*como yo like me
*compañía company
comparación comparison
competir (i, i) to compete
compositor composer
común common; **en ——** in common
conciencia conscience
concierto concert
conocido known, famous
constituir to constitute
construídos alrededor de built around
construir to construct
consumir to consume
contrario contrary

159

contrato contract
contribución contribution
conversador talkative
cornada goring
correspondencia correspondence
corrida de toros bullfight
cosecha crop, harvest
cuadros y dibujos pictures and sketches
***cuenta** (bank) account

D

de alto high
debido a owing to
debilidad weakness
de largo long
delicioso delicious
deportista sportsman, player
desarrollar to develop
desastre disaster
desconocido unknown
descripción description
desintegrar to disintegrate
destruir to destroy
desventaja disadvantage
dibujo sketch, etching
dictadura dictatorship
dieta diet
dinastía dynasty
director de música conductor
divertirse (ie, i) to have a good time
dueño owner

E

***ejemplo** example
elecciones elections
el que he who
ello it (neuter)
emoción emotion
enfatizar to emphasize
enseñar to teach
enterrar (ie) to bury
entretanto meanwhile
escena stage
escritor writer
escritos writings
escultura sculpture
es decir that is to say
espectador spectator
espíritu spirit
establecer (zco) to establish
estadio stadium
estadísticas statistics
estereotipo stereotype
estilo style
estímulo motivation
esto queda por ver that remains to be seen
etapa stage (of development or process)
evento event
evitar to avoid

evolución evolution
exaltadísimo very excited
***examen** examination
exilio exile
existir to exist
explotación exploitation
explotar to exploit
***extranjero** foreigner, foreign
extraordinario extraordinary

F

fallar to fail
fama fame
***familia** family
famoso famous
***favorito** favorite
fenómeno phenomenon
forma shape, form
formar to form
frecuente frequent
***frente a** in front of
***frontera** boundary
fuerza force
fumar to smoke
función function
futbolista football (soccer) player
***futuro** future

G

gallera cockpit
ganado cattle
genio genius
gerontólogo gerontologist
gira tour
gobierno government
grasa fat
grupo group
guerra war

H

habilidad skill
habitante inhabitant
***hacia** toward
***herido** wounded, hurt
herir (ie, i) to wound, hurt
hidratos de carbono carbohydrates
hipnotismo hypnotism
hogar home
honradamente honestly

I

igualdad equality
ilustre famous, illustrious
imponer to impose
impuesto tax; ——s federales federal (income) tax(es)
inclusive including
increíble incredible
influ*i*r to influence
injusticia injustice

instinto instinct
instrumento instrument
intelectual intellectual
interna internal, domestic
internacionalizar to internationalize
intervención intervention
itinerario itinerary

J

*****juntos** together

L

*****leche** milk; **productos de ——** dairy
products
líder leader (political)
lidia fight
liga league
limpiabotas bootblack, shoe shine boy
longevidad longevity

LL

llegar a ser to become (arrive at being)

M

maestro teacher
*****mantener** to maintain
*****matrícula** registration (fee),
entrance fee
*****matricularse** to register
matrimonio marriage
medicina medicine
*****médico** doctor
medio medium
mejoramiento improvement
mendigos y ciegos beggars and blind
people
*****menos** less, except
mensualidad tuition
mercado market
migratorio migratory
miles thousands
*****milla** mile
*****millón** million
minoría minority
misa mass (religious)
monumento monument
*****movimiento** movement
muerte death
*****mujer** woman
museo museum
música de cámara chamber music
músicos ilustres illustrious musicians

N

nacimiento birth
*****necesario** necessary
*****ni . . . ni** neither . . . nor
nivel del mar sea level

O

obesidad obesity
obra work (of art, music)

obtener to obtain
origen origin
orquesta sinfónica symphony orchestra
oscuro dark

P

pabellón pavillon
palacio palace
papel role (in life or play)
*****parte** part
pasta de dientes toothpaste
pastas pastries
patria native land
pelea de gallos cockfight
peligro danger
período period
pescado frito fried fish
piel skin
pintor painter
población population
poder power
poderoso powerful
política politics
ponerse cada vez más to become more
and more
*****parque** because
potencialidad potential
practicar to practice
predominar predominate
premio gordo first prize (lottery)
preparación preparation
presupuesto budget
*****problema** problem
producto product
propio (one's) own
*****propósito** purpose
proteínas protein
protesta protest
próximo next
publicar to publish

Q

*****querido** dear

R

razón reason
recordar (ue) remind, bring to mind
recuerdos regards
recursos resources, means
reglamento de juegos y rifas regulations
for gambling and raffles
renta income
*****reunir (ú)** bring together, get together
*****ridículo** ridiculous
riesgo risk
ron rum

S

ser humano human being
serie series

siglo century
simbolizar to symbolize
símbolo symbol
*sin embargo** however
situado located, situated
sobrevenir to occur (especially violently)
sobrevivir to survive
soledad solitude
solista soloist
soltar (ue) to loosen, set loose
sombrío dark, sombre
sorteo drawing (raffle)
sueño dream
sufrir to suffer

T

talento talent
tarea (escolar) homework
teatro theater
teleadictos T.V. addicts
teledeportes T.V. sports
telediarios T.V. news
*tema** topic
temor fear
tercera parte one-third
territorio territory
*tiempo** time; **al mismo** —— at the
 same time; ——s **medievales**
 medieval times

tierra prometida promised land
titulado entitled
todavía no + verb still don't (doesn't) . . .
todo lo contrario on the contrary
tono tone
tonto stupid
tópico topic
torero bullfighter
torneo tournament
tostado toasted
traducción translation
tráfico traffic
tragedia tragedy
triunfo triumph
turista tourist

U

unir unite
uso use
*universidad** university
útil useful

V

vaquero cowboy
variado varied
*vasco** Basque
vegetariano vegetarian
ventaja advantage
victimizado victimized
voto vote

79 80 81 82 83 84 85   10 9 8 7 6